こんなこと…ありませんか？

「ニチガクの問題集…買ったはいいけど、、、
この問題の教え方がわからない（汗）」

メールでお悩み解決します！

- ☆ ホームページ内の専用フォームで必要事項を入力！
- ☆ 教え方に困っているニチガクの問題を教えてください！
- ☆ 確認終了後、具体的な指導方法をメールでご返信！
- ☆ 全国どこでも！ スマホでも！ ぜひご活用ください！

<質問回答例>

学習のポイント

推理分野の学習では、後の学習に活きる思考力を養うことができます。ご家庭で指導する場合にも、テクニックにたよらず、保護者の方が先に基本的な考え方を理解した上で、お子さまによく考えさせることを大切にして指導してください。

Q.「お子さまによく考えさせることを大切にして指導してください」と学習のポイントにありますが、考える習慣をつけさせるためには、具体的にどのようにしたらいいですか？

A. お子さまが考える時間を持てるように、質問の仕方と、タイミングに工夫をしてみてください。
たとえば、「答えはあっているけど、どうやってその答えを見つけたの」「答えは○○なんだけど、どうしてだと思う？」という感じです。はじめのうちは、「必ず30秒考えてから手を動かす」などのルールを決める方法もおすすめです。

まずは、ホームページへアクセスしてください!!

http://www.nichigaku.jp　日本学習図書　検索

目指せ！合格！

家庭学習ガイド 東京学芸大学附属小金井小学校

入試情報

応募者数：男子 509 名　女子 496 名
出題形態：ペーパー、ノンペーパー
面　　接：なし
出題領域：ペーパー（お話の記憶、見る記憶、数量、図形、常識など）、巧緻性、行動観察、運動、口頭試問

入試対策

2020 年度入試も、例年同様、２日間にわたって入学調査が行われました。１日目がペーパーと巧緻性、２日目が行動観察、運動、口頭試問でした。
ペーパーテストでは、お話の記憶、見る記憶、数量、図形、常識などが出題されました。基礎的な内容が中心ですが、解答時間が短いため、集中して、速く、正確に解けるよう、理解とスピードの双方を準備して臨むようにしてください。
巧緻性テストでは、手先の器用さとともに、指示をきちんと聞いたり、課題の内容を理解したりする力が観られています。また、運動テストでは、運動の出来不出来だけでなく、指示を理解しているかどうかや、待っている時の態度もチェックされていると考えてよいでしょう。態度やマナーは、短期間で身に付くものではありません。ていねいな言葉遣いや行動を心がけ、自然に振る舞えるようにしておきましょう。

- ペーパーテストでは、特に難しい問題はありません。常識や数量の分野は、ふだんの生活を通じて身に付けることができるものが多くあります。日常生活の中で学べることを、見逃さないようにしてください。
- ２日目は、行動観察、運動、口頭試問が実施されました。ここでは指示をしっかり聞き、理解し、行動することが求められます。すべての基本は「人の話を聞くこと」です。ふだんから「会話の内容が理解できているか」「自分の考えをきちんと伝えられるか」といったことを意識するようにしてください。

必要とされる力 ベスト６

チャートで早わかり！

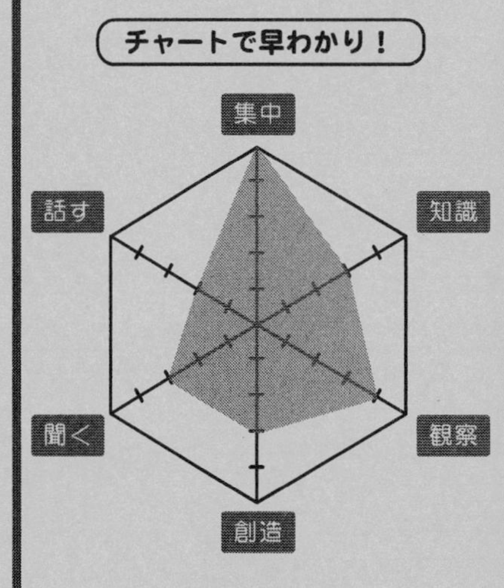

特に求められた力を集計し、左図にまとめました。
下図は各アイコンの説明です。

	アイコンの説明
集中	集　中　力…他のことに惑わされず１つのことに注意を向けて取り組む力
観察	観　察　力…２つのものの違いや詳細な部分に気付く力
聞く	聞　く　力…複雑な指示や長いお話を理解する力
考え	考える力…「～だから～だ」という思考ができる力
話す	話　す　力…自分の意志を伝え、人の意図を理解する力
語彙	語　彙　力…年齢相応の言葉を知っている力
創造	創　造　力…表現する力
公衆	公衆道徳…公衆場面におけるマナー、生活知識
知識	知　　識…動植物、季節、一般常識の知識
協調	協　調　性…集団行動の中で、積極的かつ他人を思いやって行動する力

※各「力」の詳しい学習方法などは、ホームページに掲載してありますのでご覧ください。http://www.nichigaku.jp

「東京学芸大学附属小金井小学校」について

＜合格のためのアドバイス＞

当校は、東京学芸大学の４つの附属小学校のうちの１校で、「明るく思いやりのある子」「強くたくましい子」「深く考える子」を教育目標としています。当校の特徴的な行事として、３年生以上の児童が全員参加する、山や海での校外宿泊生活があげられます。卒業までに6回、合計20日間を超えるこの生活は、自然を体験するだけでなく、共同生活を通じて心身を成長させる目的も持っています。

当校の入試には、調査前抽選がありません。志望者全員が入学調査を受け、合格者を対象に抽選を行います。年度により調査内容に大きな変化が見られないこともあり、例年、志願者倍率は10倍前後と、高い水準です。ミスをせず、確実に正解することが必要です。学習においては、さまざまな問題に対応できるよう、幅広い分野の基礎・基本を反復学習して、学力の土台をしっかりと作った上で、応用問題に取り組んでいくことをおすすめします。

入学調査では、１日目にペーパーテストと巧緻性、２日目に運動テストと口頭試問が行われます。2020年度入試（2019年秋実施）のペーパーテストでは、お話の記憶、見る記憶、数量、図形、常識などの範囲から出題されました。調査時間が短く、場の雰囲気に慣れることができずに終わってしまった、というお子さまも多かったようです。入学調査当日にお子さまが充分に力を発揮できるよう、ふだんから自信を付けさせるような声かけを行うようにしてください。

通学に関しては、区域が厳密に指定されており、通学時の安全やマナーの指導は保護者に任されています。入学調査の口頭試問においても、学校までの交通手段や時間などを受験者に問われることがあるので、調査当日も公共の交通機関を利用してください。また、お子さまにも、学校までの交通経路や交通安全マナーなどについて理解させておきましょう。

なお、併設の小金井中学校へは、連絡進学の制度がとられていますが、無条件の進学ではありません。出願にあたって、当校が幼・小・中の一貫教育ではないことを充分に理解している必要があります。

〈2020年度選考〉

＜１日目＞

◆ペーパーテスト
（お話の記憶、見る記憶、数量、図形、常識など）

◆巧緻性
（紙をゴムでまとめる）

＜２日目＞

◆行動観察
（ジャンケン列車）

◆運動
（立ち幅跳び）

◆口頭試問
（「好きな○○は何ですか」、片付け）

◇過去の応募状況

2020年度	男子509名	女子496名
2019年度	男子523名	女子474名
2018年度	男子540名	女子531名

㊢ 先輩ママたちの声！

◆実際に受験をされた方からのアドバイスです。
ぜひ参考にしてください。

東京学芸大学附属小金井小学校

・受付時間までは校庭で待機することになります。親子ともに、防寒対策や悪天候への備えはしっかりしておいた方がよいでしょう。

・待ち時間の態度はよく観られています。

・保護者の待ち時間が２日間とも長く、本を持ってきた方がよかったと思いました。

・並んで待っている間、泣いていたり、騒いでいたりするお子さまが数名いました。ふだんとは異なる雰囲気でも緊張させない声かけが必要だと感じました。

・ペーパーテストは簡単な問題なので、ミスをしないようにすることが大切です。

・巧緻性（制作）の課題は簡単なものですが、１回しか説明されず、時間も短いので、よく聞いて作業することが必要です。説明を聞いていなかったために、上手にできなかったお子さまもいたそうです。

・運動テストの立ち幅跳びの着地で手をついてしまったのですが、合格をいただけました。

・口頭試問では、好きなものを答えたあと「それについて詳しく教えてください」「もう少し詳しく教えてください」と促されました。説明をする練習もしておいた方がよいです。

・試験は、子どもの性格そのものを観ているようなので、明るく元気な子に育てることが大切だと感じました。

・試験開始後は遅れることもなく、30分程で子どもが戻って来ました。両日とも「楽しかった」と言っていました。

2020年度募集日程

2020年度入試（実施済）の日程です。
2021年度募集日程とは異なりますのでご注意ください。

【説明会】　2019年9月14日
【願書配布】　2019年9月14日～10月４日（土日祝除く）
【出願期間】　2019年9月24日～10月４日
※郵送受付のみ。消印有効。
【検定料】　3,300円
【選考日時】　入学調査：2019年11月27日・28日
抽　　選：2019年11月30日
【選考内容】　１日目　ペーパーテスト：お話の記憶、見る記憶、数量、図形、常識
巧緻性テスト：巻物作り

２日目　行動観察：ジャンケン列車
運動テスト：立ち幅跳び
口頭試問

2020年度募集の応募者数等

【募集人数】　男女・・・・105名
【応募者数】　男子・・・・509名　女子・・・・496名
【合格者数】　男子・・・・・53名　女子・・・・・52名

2021年度募集日程予定

募集日程は予定ですので、変更される可能性もあります。
日程は、必ず事前に学校へお問い合わせください。

【Web説明会】　2020年９月12日～18日（動画配信）　※要事前申込
【願書頒布】　2020年９月14日～25日（土日祝除く）　※１部1,000円
【入学調査】　2020年11月25日（男子）・26日（女子）
※本年度は１日のみ
【抽　　選】　2020年11月28日

東京学芸大学附属
小金井小学校

ステップアップ問題集

〈はじめに〉

現在、少子化が叫ばれているにもかかわらず、国立・私立小学校の入学試験には一定の応募者があります。入試は、ただやみくもに学習するだけでは成果を得ることはできません。志望校の過去における出題傾向を研究・把握した上で、練習を進めていくこと、その上で試験までに志願者の不得意分野を克服していくことが必須条件です。そこで、本問題集は小学校を受験される方々に、志望校の出題傾向をより詳しく知って頂くために、過去に遡り出題頻度の高い問題を結集いたしました。最新のデータを含む精選された過去問題集で実力をお付けください。

また、志望校の選択には弊社発行の「2021年度版　首都圏　国立小学校入試ハンドブック」「2021年度版　首都圏・東日本　国立・私立小学校　進学のてびき」をぜひ参考になさってください。

〈本書ご使用方法〉

◆出題者は出題前に一度問題を通読し、出題内容などを把握した上で、〈準備〉の欄に表記してあるものを用意してから始めてください。
◆お子さまに絵の頁を渡し、出題者が問題文を読む形式で出題してください。問題を読んだ後で、絵の頁を渡す問題もありますのでご注意ください。
◆「分野」は、問題の分野を表しています。弊社の問題集の分野に対応していますので、復習の際の目安にお役立てください。
◆問題番号右端のアイコンは、各問題に必要な力を表しています。詳しくは、アドバイス頁（ピンク色の１枚目下部）をご覧ください。
◆描画や工作、常識等の問題については、解答が省略されているものが一部あります。お子さまの答えが成り立つか、出題者がご自身でご判断ください。
◆〈時間〉につきましては、目安とお考えください。
◆学習のポイントは、指導の際にご参考にしてください。
◆【おすすめ問題集】は各問題の基礎力養成や実力アップにご使用ください。

〈本書ご使用にあたっての注意点〉

◆文中に **この問題の絵は縦に使用してください。** と記載してある問題の絵は縦にしてお使いください。
◆〈準備〉の欄で、クレヨンと表記してある場合は12色程度のものを、画用紙と表記してある場合は白い画用紙をご用意ください。
◆文中に **この問題の絵はありません。** と記載してある問題には絵の頁がありませんので、ご注意ください。尚、問題の絵の右上にある番号が連番でなくても、中央下の頁番号が連番の場合は落丁ではありません。
下記一覧表の●がついている問題は絵がありません。

問題１	問題２	問題３	問題４	問題５	問題６	問題７	問題８	問題９	問題10
問題11	問題12	問題13	問題14	問題15	問題16	問題17	問題18	問題19	問題20
問題21	問題22	問題23	問題24	問題25	問題26	問題27	問題28	問題29	問題30

◎学習効果を上げるため、前掲の「家庭学習ガイド」及び「合格のためのアドバイス」をお読みになり、各校が実施する入試の出題傾向を、よく把握した上で問題に取り組んでください。
※冒頭の「本書ご使用方法」「ご使用にあたっての注意点」も併せてご覧ください。

問題1　分野：記憶（お話の記憶）

聞く　集中

〈準備〉　鉛筆

〈問題〉　これからするお話をよく聞いて、後の質問に答えてください。お話と問題は、1度しか言いません。それではお話をします。

今日は動物村の運動会です。イヌさん、ウサギさん、カメさんの3人がかけっこの選手に選ばれました。カメさんは、ほかの2人を見て不安になってしまいましたが、「一生懸命がんばろう」と心に誓いました。イヌさんとウサギさんは、カメさんのことは気にしておらず、お互いにどっちが速いかを自慢しています。いよいよスタートの時間です。「用意、スタート」の合図で、3人が走り始めました。イヌさんとウサギさんが先頭争いしています。カメさんはずっと後ろをがんばって走っています。ですが、ゴール手前で、イヌさんが転んでしまい、イヌさんにつまずいてウサギさんも転んでしまいました。ウサギさんはイヌさんに怒っています。「イヌさんにつまずいて転んじゃったじゃないか！」とウサギさんが言うと、イヌさんも「勝手につまずいたのは君だろ！」と言い返します。そうしている間に、一生懸命走っていたカメさんがゴールしてしまいました。それに気が付いたイヌさんが次にゴールし、ウサギさんはその次にゴールしました。イヌさんとウサギさんはガッカリしてしまいました。

（問題1の絵を渡す）
①ゴールした順番で正しいものはどれでしょうか。選んで○をつけてください。
②ゴールした後、イヌさんとウサギさんはどんな気持ちだったでしょうか。選んで○をつけてください。

〈時間〉　各20秒

〈解答〉　①左上（カメ→イヌ→ウサギ）　②右上（ガッカリ）

当校のお話の記憶は、例年、400～500字程度のお話と2問程度の質問で構成されています。基本的にはお話の内容に沿った質問がされますが、時折、細かな内容が問われることもあるので、注意しておきましょう。お話の記憶は、その名前の通りに出てきた事柄を覚えなければいけないものや、お話の内容を理解して登場人物の気持ちを考えるもの、数量などの他分野の問題と複合したものなど、さまざまな質問のバリエーションがあります。「お話が長い＝難しい」と考えがちですが、お話が短くても問題が難しいこともあります。過去問などで傾向を知ろうとする時に、お話の長さだけでなく、どんな質問がされているのかをしっかりと把握しておくことも、お話の記憶対策の重要なポイントです。

【おすすめ問題集】
1話5分の読み聞かせお話集①・②、お話の記憶 初級編・中級編

問題2　分野：記憶（見る記憶）

観察　集中

〈準備〉　鉛筆

〈問題〉　（問題２－１の絵を見せる）
この絵をよく見て覚えてください。
（15秒後、問題２－１の絵を伏せて、問題２－２の絵を渡す）
先に見た絵と同じ絵に○をつけてください。

〈時間〉　30秒

〈解答〉　左下

学習のポイント

当校の見る記憶は、１枚の絵を見て、同じ絵を探す問題がよく出題されています。こうした単純に見て覚える記憶の場合、保護者の方よりもお子さまの方がよくできたりすることもあるので、なかなか指導しにくかったりもします。ですが、お子さまが苦手としているようであれば、上手く覚えるきっかけを与えてあげるようにしてください。一般的な覚え方であれば、全体を眺めるようにみてから細部を見ていく方法や、部分ごとに区切って見ていく方法などがあります。こうした方法をアドバイスして、効率的に記憶できる方法を探ってみてください。「こうすれば記憶できる」という絶対的なやり方はないので、お子さまが取り組みやすい方法をいっしょに見つけてあげるようにしましょう。

【おすすめ問題集】
Ｊｒ・ウォッチャー20「見る記憶・聴く記憶」

問題3　分野：数量（選んで数える、ひき算）

観察　考え

〈準備〉　鉛筆

〈問題〉　①上の四角の中で１番多いくだものはどれでしょうか。左下の四角の中から選んで○をつけてください。
②上の四角の中で１番多いくだものと１番少ないくだものの数はいくつ違うでしょうか。その数だけ右下の四角の中のおはじきに○をつけてください。

〈時間〉　各30秒

〈解答〉　①ミカン　②○：４

学習のポイント

本問のような数量の問題は、数えることができれば基本的には正解できます。時間に余裕があればという条件は付きますが……。ということは、短い時間で数を把握できることが、小学校受験の数量では求められているのです。とは言っても、数えるスピードを上げるということではありません。10個程度のものを、一見していくつあるかがわかることが最終的な目標になります。こうしたことができるようになるためには、具体物（おはじきなど）を使って、実際にそれがいくつあるのかをひと目でわかるようにする練習が必要になります。算数につながる学習なので、ペーパーに偏ってしまいがちですが、生活の中でも学ぶことはできます。アメをいくつかテーブルに置いて、数を当てさせることも立派な学習です。こうした、具体物を使った学習とペーパー学習の両立が、深い理解へとつながっていくのです。

【おすすめ問題集】
　Ｊｒ・ウォッチャー37「選んで数える」、38「たし算・ひき算１」、
　「たし算・ひき算２」

問題4　分野：数量（一対多の対応）　観察　考え

〈準備〉　鉛筆

〈問題〉　お皿に載った組み合わせで、３人のお友だちにくだものを配ります。
①バナナは何本必要でしょうか。その数だけ左下の四角の中のおはじきに○をつけてください。
②イチゴは何個必要でしょうか。その数だけ右下の四角の中のおはじきに○をつけてください。

〈時間〉　各20秒

〈解答〉　①○：６　②○：９

学習のポイント

一対多の対応は、どうやって答えにたどり着いたのかが重要になります。例えば、バナナで考えてみると、６つまとめて○をつけるお子さまと、２つずつ３回に分けて○をつけるお子さまに分かれると思います。どちらの方法も間違いではありません。前者は全体の数を頭の中で考えて答えを出す方法、後者は１人あたりいくつかを考えながら答えを出す方法です。もしかしたら、前者の方法で答えを出したお子さまは、九九ができるのかもしれません。ただ、今後かけ算につながっていく一対多の対応をしっかりと理解するためには、後者の考え方の方が応用がききます。「２×３」をただ暗記するのではなく、１人あたり２本のバナナが３人分だからバナナは６本必要という、問題の根本的なところを理解をした上で学習を重ねていくことが大切なのです。

【おすすめ問題集】
　Ｊｒ・ウォッチャー42「一対多の対応」

問題5　分野：図形（四方からの観察）

観察　考え

〈準備〉　鉛筆

〈問題〉　左の積み木を矢印の方向から見た時の正しい形はどれでしょうか。選んで○をつけてください。

〈時間〉　各20秒

〈解答〉　①左から２番目　②左端　③右から２番目

学習のポイント

自分以外の見方や考え方をすることは、小学校受験年齢のお子さまには意外と難しいことです。そうした意味で、四方からの観察は保護者の方が考えている以上に、お子さまにとって難問だということを理解しておきましょう。視点を変えるということは、頭の中で積み木を動かさなければいけません。それは経験がなければできないことです。そうした経験は、実際の積み木を見る（動かす）ことでしか得られません。具体物を使った学習を重ねることで、自分以外の視点から見た形を想像できるようになるのです。頭の中で考える（想像する）ということは、経験していないとできないということを保護者の方は知っておいてください。

【おすすめ問題集】

Ｊｒ・ウォッチャー10「四方からの観察」、53「四方からの観察　積み木編」

問題6　分野：図形（同図形探し）

観察　考え

〈準備〉　鉛筆

〈問題〉　上の四角の中にはいくつかの道具が隠れています。下の四角の中から隠れていない道具を探して○をつけてください。

〈時間〉　30秒

〈解答〉　右から２番目（やかん）

家庭学習のコツ①　「先輩ママのアドバイス」を読みましょう！

本書冒頭の「先輩ママのアドバイス」には、実際に試験を経験された方の貴重なお話が掲載されています。対策学習への取り組み方だけでなく、試験場の雰囲気や会場での過ごし方、お子さまの健康管理、家庭学習の方法など、さまざまなことがらについてのアドバイスもあります。先輩ママの体験談、アドバイスに学び、ステップアップを図りましょう！

学習のポイント

黒く塗りつぶされている絵の特徴的な形（部分）を見つけることが最大のポイントです。選択肢は絵になっていますが、その「形」だけを意識して同じ絵を探すようにしてください。見えている形がどこの部分なのか、どう重なっているのかといったところまで意識できれば、正解にぐっと近づくことができるでしょう。ただ、図形の問題を解く時、そのものの形を意識することに慣れれば、感覚的に答えることのできる問題とも言えます。道具ということを意識せずに、同じ「図形」を探すと考えた方が、取り組みやすいお子さまもいるかもしれません。保護者の方は、お子さまがやりやすい方法を見つけられるようにサポートしてあげてください。また、○をつけるのは、「隠れていない道具」です。問題をしっかり聞いて解答するようにしましょう。

【おすすめ問題集】
Ｊｒ・ウォッチャー３「パズル」、４「同図形探し」

問題７　分野：常識（理科・いろいろな仲間）

知識

〈準備〉　鉛筆

〈問題〉　ここに描かれている絵の中で、卵から産まれるものに○をつけてください。

〈時間〉　１分

〈解答〉　下図参照

学習のポイント

理科常識の問題は、知らなければ正解することができません。また、その知識も生活の中で自然に身に付けることができるものではありません。積極的に知ろうとしなければ得られない知識と言えるでしょう。ただ、機械的に暗記したところでなかなか覚えることはできないものです。お子さまが興味を持ちそうなところから知識を広げていくことを、保護者の方は心がけるようにしてください。また、仲間探しの問題では、ほかの切り口で仲間分けができないかをお子さまに考えさせるようにしてください。そういったところからも少しずつ知識の幅を広げていきましょう。今の時代、動画や写真などの情報を得る手段は数多くあります。積極的に活用して、お子さまの好奇心を刺激してあげましょう。

【おすすめ問題集】
Ｊｒ・ウォッチャー11「いろいろな仲間」、27「理科」、55「理科②」

問題8　分野：常識（マナーとルール）

公衆　知識

〈準備〉　鉛筆

〈問題〉　この中で正しく食事ができているのはどれでしょうか。選んで○をつけてください。

〈時間〉　30秒

〈解答〉　右下

学習のポイント

当校に限らず、小学校入試でマナーやルールを問う常識問題が多く出題されるようになってきています。それは、そういったことができていないという学校からのメッセージととらえることができます。つまり、「躾」ができていないと学校が感じているということです。こうした問題を通して観ているのは、お子さまではなく保護者の方です。ノンペーパー形式の課題が重視されるようになってきているのも同じことでしょう。学力だけでなく、お子さまを含めた家庭全体が評価の対象になっていると言っても過言ではありません。「常識」を知識として考えるのではなく、生活の中で自然に身に付けるべきものと考えて、日頃のくらしの中でお子さまに指導していくようにしましょう。

【おすすめ問題集】
Ｊｒ・ウォッチャー12「日常生活」、30「生活習慣」、56「マナーとルール」

問題9　分野：言語（しりとり）

語彙　知識

〈準備〉　鉛筆

〈問題〉　左上の太い四角から始めて、右下の太い四角まで「しりとり」で線をつなげてください。

〈時間〉　１分

〈解答〉　下図参照

学習のポイント

言語の問題は毎年出題されているものではありませんが、言葉は学習の基礎となる部分でもあるので、しっかりと学んでおきましょう。あらたまって机で学習することはありません。しりとりをするのには何の準備も必要ありませんし、いつでもどこでもできるものです。親子の会話も学習と言えます。最近は、擬態語や動作を表す言葉などの出題も多く、より生活に近い言葉が入試に登場するようになってきています。知識として覚えた言葉ではなく、生活の中で覚えた言葉が、今後ますます重要になってくると言えるのではないでしょうか。試験に出るかどうかも大切ですが、小学校入学後のことも考えて、言葉の大切さをお子さまに伝えるようにしてください。

【おすすめ問題集】

Ｊｒ・ウォッチャー17「言葉の音遊び」、18「いろいろな言葉」、49「しりとり」、60「言葉の音（おん）」

問題10　分野：巧緻性

集中　聞く　考え

〈準備〉　クレヨン、折り紙、ひも（70cm程度）、セロテープ

〈問題〉　**この問題は絵を参考にしてください。**

これから「金メダル」を作ります。今から見本を見せるので、その通りに作ってください。

①折り紙をお手本のように折ってください。
②折り紙にお母さん（お父さん）の好きなものを描いてください。
③裏側にセロテープでひもを留めてください。

お家に帰ったら、お母さん（お父さん）に金メダルをかけてあげてください。

〈時間〉　適宜

〈解答〉　省略

学習のポイント

テーマに沿って簡単な制作をするというのが当校の最近の傾向です。小学校入試全般の傾向でもありますが、制作の課題はシンプルな方向へと進んでいます。そもそも、制作物の出来というよりは、道具の使い方や片付け、指示を守れているかといったところが観点になっているので、それらを観ることができればよいという流れになってきていると感じます。「不器用だから」「絵が下手だから」といって悩んでいる保護者の方がいますが、何を観られているのかをしっかりと理解しておけば、悩みの種も少しは小さくなるのではないでしょうか。ノンペーパーテストで観られているのは、結果ではなく過程だということを覚えておきましょう。

【おすすめ問題集】

実践　ゆびさきトレーニング①・②・③

問題11　分野：記憶（お話の記憶）

聞く　集中

〈準備〉　鉛筆

〈問題〉　これからするお話をよく聞いて、後の質問に答えてください。お話と問題は、1度しか言いません。それではお話をします。

あきらくんとさおりちゃんとたけしくんが、公園に遊びに行きました。3人は、はじめに鉄棒で遊びました。次にボールを蹴って遊びました。ボール蹴りにあきたので、今度はブランコに乗ろうと思いましたが、ほかの人が使っていたのでやめて、すべり台で遊ぶことにしました。すべり台で遊んでいると、たけしくんのおじいちゃんが3人を迎えに来ました。そこで、今度は4人でさおりさんのおばあちゃんの家に行くことにしました。

（問題11の絵を渡す）
①上の段の4つの絵を見てください。3人が公園で遊ばなかったものはどれですか。遊ばなかったものに○をつけてください。
②下の段の4つの絵を見てください。3人を迎えに来たのは誰ですか。迎えに来た人に×をつけてください。

〈時間〉　各20秒

〈解答〉　①○：右端（ブランコ）　②×：左端（おじいちゃん）

学習のポイント

当校で例年出題されているお話の記憶の問題は、お話が比較的短く、設問数が少ないことが特徴です。こうした問題は楽に答えられるのですが、ほかの志願者も当然正解しますから、ケアレスミスをしてはいけない問題ということにもなります。解答の精度を高めるためには、「誰が」「何を」「～した」というお話のポイントとなる描写を的確に記憶し、自分なりに整理してから質問に答えるというのが基本です。その時、文字ではなく、情景をイメージできるようになれば、さらにお話の流れが把握しやすくなるでしょう。なお、当校入試の解答時間は標準的なものですが、答えの見直しができる余裕は持てるようにしてください。入試全体も分野ごとの基礎的な内容が中心ですから、当校のペーパーテストではすべての分野で「答えの精度」まで考えた対策が必要だということになります。

【おすすめ問題集】
1話5分の読み聞かせお話集①・②、お話の記憶 初級編・中級編

問題12　分野：記憶（見る記憶）

観察　集中

〈準備〉　鉛筆

〈問題〉　（問題12-1の絵を見せる）
この絵をよく見て覚えてください。
（15秒後、問題12-1の絵を伏せて、問題12-2の絵を渡す）
先に見た絵と同じ絵に○をつけてください。

〈時間〉　30秒

〈解答〉　右下

それほど複雑なイラストではありませんから、船、女の子、カモメ…といった形で項目にして記憶しましょう。考えながら絵を見れば、案外印象に残るものです。こういった問題では記憶力、集中力だけではなく、違いを見つけ出すための観察力が必要とよく言われますが、「注意して見ましょう」と言うだけでは、観察力は身に付くものではありません。「全体を俯瞰してから、細部に注目する」「全体を覚えようとするのではなく、印象に残った部分を記憶する」といった形で工夫する必要があります。また、観察力を身に付けるには、絵を描く、特にスケッチをするとよい、というのも同じような意味です。よく観察し、特徴をとらえないと絵にはできませんし、全体を把握してないと絵のバランスがおかしくなります。いずれにせよ、自分なりに順序立てて観察すれば、「絵を記憶する」ということはそれほど難しい作業ではない、という意識でこういった問題に取り組んでください。

【おすすめ問題集】
Ｊｒ・ウォッチャー20「見る記憶・聴く記憶」

問題13　分野：言語（言葉の音）　語彙

〈準 備〉　鉛筆

〈問 題〉　問題の絵を見てください。それぞれの段の左側の絵と、同じ音で始まって、音の数が同じものを、それぞれ右の四角の中から選んで○をつけましょう。

〈時 間〉　各30秒

〈解 答〉　①左から２番目（イルカ）　②右端（キリン）　③右から２番目（タケノコ）

学習のポイント

単純に言葉を１つずつ見ていけば正解にたどり着くので、難しい問題ではありません。しかし、問題の絵が何を表しているのかわからないと、さすがに正解できませんから、生活の中で語彙を豊かにしていきましょう。お子さまが知らないものを見たら「あれは何？」と気軽に聞けるような関係であれば、その機会も多くなります。この問題のような小学校入試の言語分野の問題には、しりとりや頭音つなぎなど、さまざまなパターンの出題がありますが、そういった出題は言葉を音の集合ととらえることを前提としたものです。言葉を音としてとらえる、と言うと難しく聞こえますが、文字を覚える前の段階であればそれ以外の学習方法はないので、お子さまが自然に行っていることでもあります。この段階を飛ばしていきなり文字、特に日本語を覚えさせようとするとお子さまが混乱してしてしまいます。先走って学習しないようにしてください。

【おすすめ問題集】
Ｊｒ・ウォッチャー17「言葉の音遊び」、18「いろいろな言葉」、
60「言葉の音（おん）」

問題14　分野：常識（理科・日常生活）

知識　集中

〈準備〉　鉛筆

〈問題〉　**この問題の絵は縦に使用してください。**
①上の絵を見てください。上に並んだ絵と関係のあるものを下から見つけて、点と点を線でつないでください。
②下の絵を見てください。上に並んだ絵と関係のあるものを下から見つけて、点と点を線でつないでください。

〈時間〉　1分

〈解答〉　下図参照

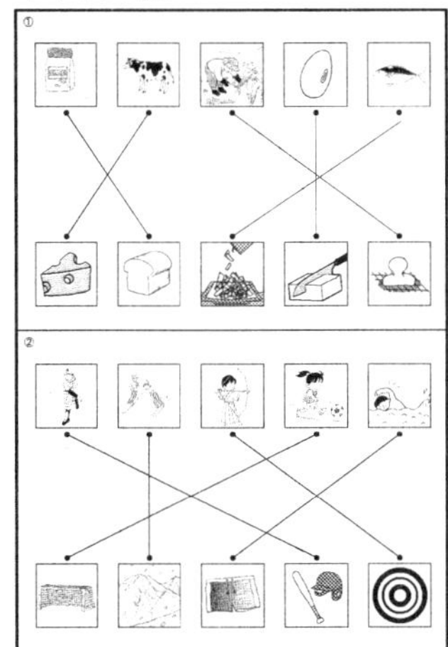

学習のポイント

常識分野の問題は、さまざまなものに対して、名前だけでなく、「時間（食べものの旬やや開花時期など）」、「仲間（同じ用途や性質のものなど）」といった「くくり」で区別させるものだと考えてください。本問は、食べものと食べものの原材料、スポーツとスポーツに関係あるものを結ぶ問題です。ここでは出題者が年齢なり知っていて当然、と考える知識を常識として出題していますから、推測して正解できるような出題方法はとっていません。当校では季節の行事や、季節を代表する草花・食べものについての出題が多いようですが、そこでも同じように推測・推理が役立つような出題ではありません。対策としては、語彙を豊かにするのと同じように生活の中で体験すること、メディアを使って疑似体験することになるでしょう。

【おすすめ問題集】
Ｊｒ・ウォッチャー27「理科」、55「理科②」

家庭学習のコツ②　「家庭学習ガイド」はママの味方！

問題演習を始める前に、試験の概要をまとめた「家庭学習ガイド（本書カラーページに掲載）」を読みましょう。「家庭学習ガイド」には、応募者数や試験課目の詳細のほか、学習を進める上で重要な情報が掲載されています。それらの情報で入試の傾向をつかみ、学習の方針を立ててから、対策学習を始めてください。

問題15　分野：図形（同図形探し・鏡図形）

観察　考え

〈準備〉　鉛筆

〈問題〉　左の四角にある形と同じものを右の四角から探して○をつけてください。また、鏡に映した時に見えるものに×をつけてください。

〈時間〉　各30秒

〈解答〉　①○：右から２番目　×：左端　②○：右端　×：右から２番目
③○：左から２番目　×：右端

学習のポイント

当校では、回転図形や同図形探し、対称図形、重ね図形など幅広い内容の図形問題が過去に出題されてきました。基本問題中心と言っても解答時間の短さの割には難しい問題が出ますので、繰り返し練習をして、「速く、正確に解く」力を養ってください。本問では、「同図形探し」と「鏡図形」を取り上げました。それぞれの絵を一見しただけでは違いはわからないので、「同図形探し」の問題は、それぞれの段で図形そのものではなく「特徴のある部分」を比較しするようにしましょう。時間が節約できます。「鏡図形」の問題は、まず、映されたものが左右反転して映るという鏡の特性を理解することです。理解せずに練習してもハウツーを覚える練習にしかなりません。

【おすすめ問題集】
Ｊｒ・ウォッチャー４「同図形探し」、48「鏡図形」

問題16　分野：図形（展開）

観察　考え

〈準備〉　鉛筆

〈問題〉　折った紙の点線のところをハサミで切って広げた時、どんな形になると思いますか。それぞれ正しいと思うものに○をつけてください。

〈時間〉　各１分

〈解答〉　①右から２番目　②左から２番目　③右端

家庭学習のコツ③　効果的な学習方法～問題集を通読する

過去問題集を始めるにあたり、いきなり問題に取り組んではいませんか？　それでは本書を有効活用しているとは言えません。まず、保護者の方が、すべてを一通り読み、当校の傾向、ポイント、問題のアドバイスを頭に入れてください。そうすることにより、保護者の方の指導力がアップします。また、日常生活のさまざまなことから、保護者の方自身が「作問」することができるようになっていきます。

学習のポイント

展開の問題の難しさは、紙を開く前の形から、開いた後にどのようなるかイメージしなければならないことにあります。わかりにくいようでしたら、まず、2つ折りの形で考えてみましょう。そこでは「①折り紙をハサミで切った後に切り取った形ができる。②その形が折り目で反転して左右（上下）に2つできる」という原則を理解してください。その次に、「4つ折りは2つ折りを2度行うと考えればよい」、ということになりますが、その一言で理解できるようなら苦労はありません。お子さまに理解させるというのも無理がありますから、慣れるまではやはり、実物を切って紙を広げて見せるのが、1番よい方法になるでしょう。とは言え、どこかで「頭の中で図形を操作できる」ようにならないとこういった問題は実物がないと解けない、ということになってしまいます。保護者の方は、お子さまの理解度を測りながら、その状況に合ったアドバイスをするようにしてください。

【おすすめ問題集】
Ｊｒ・ウォッチャー５「回転・展開」

問題17　分野：数量（積み木）

観察　考え

〈準備〉　鉛筆

〈問題〉　上の積み木と下の積み木の数が同じものを線で結びましょう。

〈時間〉　1分

〈解答〉　下図参照

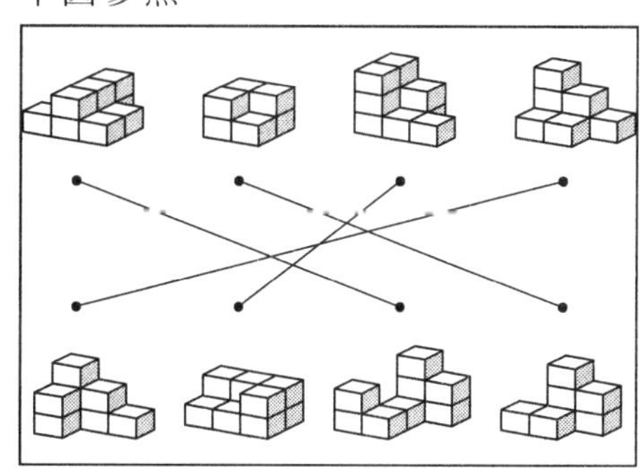

家庭学習のコツ④　効果的な学習方法～お子さまの今の実力を知る

1年分の問題を解き終えた後、「家庭学習ガイド」に掲載されているレーダーチャートを参考に、目標への到達度をはかってみましょう。また、あわせてお子さまの得意・不得意の見きわめも行ってください。苦手な分野の対策にあたっては、お子さまに無理をさせず、理解度に合わせて学習するとよいでしょう。

学習のポイント

立体図形（積み木）に関する問題は、当校では頻出の分野ですが、積み木の問題、特に積み木の数に関する問題は「絵に描かれていない積み木も数える」という１点に注意すれば、ほとんどの場合、スムーズに答えられるはずです。これも言葉ではお子さまには理解しにくいことなので、慣れるまでは実際に積み木を使って確認しながら進めてください。積み木の組み方は小学校受験では、積み木の数は10個、高さは３段ぐらいまでです。本問や類題を参考にしてさまざまな組み方のパターンをお子さまに実践させてみましょう。お子さまも言葉で説明されるより、納得しやすくなるのではないでしょうか。絵に描いてある立体をイメージすることは、平面図形をイメージ上で動かすことよりも、実は１段階上の作業です。「子どもには理解しにくいことだ」という認識を持って、保護者の方は指導するようにしてください。

【おすすめ問題集】
Ｊｒ・ウォッチャー14「数える」、16「積み木」、
53「四方からの観察　積み木編」

問題18　分野：数量（ひき算）

考え　集中

〈準備〉　鉛筆

〈問題〉　①上の段を見てください。アメを動物に１つずつ配ります。足りないアメの数だけ右側の四角の中に○を書いてください。
②下の段を見てください。アメを動物に２つずつ配ります。足りないアメの数だけ右側の四角の中に○を書いてください。

〈時間〉　各30秒

〈解答〉　①○：１　②○：４

学習のポイント

当校では「数の増減」「分配」「数の多少（比較）」といった問題が数量分野では多いようです。基本的な出題が多いので特別な対策の必要はありませんが、学習を行うのなら、解き方のテクニックやハウツーを覚えるのではなく、数に対する感覚を身に付けるようにしましょう。例えばこの問題では、「セットになるものを○で囲み、数える」というハウツーがありますが、それだけを教えてもお子さまのためにはならない、ということです。答えがわかるのならばそれでよいと考える保護者の方もいるかもしませんが、扱う数が大きくなったり、複雑になると対応できないでしょう。繰り返しになりますが、この問題の観点は「幼児教室でどれだけテクニックを学んだか」ではなく、年齢なりの数に対する感覚の有無と思考力なのです。

【おすすめ問題集】
Ｊｒ・ウォッチャー14「数える」、38「たし算・ひき算１」、
39「たし算・ひき算２」

問題19　分野：数量（たし算・同数発見）

集中　観察

〈準 備〉 鉛筆

〈問 題〉 左側の２つのものを合わせた数と、右側の○の数が同じものを探して、○をつけてください。

〈時 間〉 各20秒

〈解 答〉 ①右から２番目　②左から２番目　③右端

学習のポイント

加算の問題です。最初に答える段階では、左側の絵に〇をつけて数えても構いません。正確に答えることを目標にしてください。試験が近づいてきたら、印をつけたり、指折り数えるのはできるだけやめ、10ぐらいまでの数のものならばひと目で数がわかる程度にはなっておきましょう。問題の観点は、数に対する感覚が年齢相応に備わっているかどうかです。問題も指折り数えては解答時間内に答えられないものになっています。数字を使えば簡単に理解でき、処理も速くなるのではないか、と思われるかもしませんが、配置されたものにいちいち数字を振ることになるので、たいていの場合は余計に時間がかかります。また、「数に対する感覚を養う」という意味でもよい効果をもたらしません。頭の中でイメージすべきものをいったん数字に置き換えるくせが付くからです。

【おすすめ問題集】

Ｊｒ・ウォッチャー14「数える」、36「同数発見」、 38「たし算・ひき算１」、39「たし算・ひき算２」

問題20　分野：巧緻性

聞く　創造

〈準 備〉 （あらかじめ問題20-１の絵を点線に沿って切り取り、Ｂ４の画用紙の適当な位置に貼り付けておく）
のり、ハサミ、手ふきタオル、クレヨン、Ｂ４の画用紙

〈問 題〉 （あらかじめ絵を貼って作った画用紙と問題20-２の絵を渡す）
木と池と鳥と魚を好きな色で塗ってください。塗り終わったら、ハサミで鳥と魚を点線に沿って切り取り、画用紙の好きな位置にのりで貼り付けてください。できたら、画用紙に好きな絵を描いてください。

〈時 間〉 適宜

〈解 答〉 省略

学習のポイント

試験の場では、映像（ＤＶＤ）による説明を見てから作業に取り組みます。ＤＶＤだからどうだ、ということはありませんが、慣れてないようなら１度試しておいてください。このような課題では、①何を作るために、②どんな作業をするのか、③その時気を付けることは…、といった順で指示を把握するようにします。途中の工程が多くなると把握しにくくなるので、折る・塗る・ひも結びなどの基本的な工程をパターンごとに身に付けた上で、３～４工程の作業を１度で把握する練習をするとよいでしょう。当校の入試課題は、グループで行うことが少なくなりましたが、数年前まで模造紙に協力して何かを描くというのが定番の制作課題でした。

【おすすめ問題集】
実践 ゆびさきトレーニング①・②・③

問題21　分野：記憶（お話の記憶）

聞く　集中

〈準備〉　鉛筆

〈問題〉　これからするお話をよく聞いて、後の質問に答えてください。お話と問題は、１度しか言いません。それではお話をします。

動物のお友だちが、公園で遊んでいます。タヌキくんとキツネさんはすべり台で、ウサギさんとサルくんは砂場で、ゴリラくんとクマくんは、広いところで相撲を取って遊んでいました。後から、トリさんが、ボールを持ってやって来ました。トリくんは、１人で壁にボールを当てて遊んでいましたが、少し寂しそうでした。みんな、トリくんが１人で遊んでいるのに気が付いていましたが、なかなか声がかけられません。そんな時、ゴリラくんが勇気を出して「トリくん、いっしょに遊ぼうよ」と声をかけました。トリさんはうれしそうに笑って「ありがとう。いっしょに遊ぼう」と言いました。でも、体の大きなゴリラくんとクマくんを見て「ぼくは相撲はちょっと苦手だな」と、困ってしまいました。ゴリラくんとクマくんは「そうだね。じゃあ、ほかのみんなも集めて、ボール遊びをしよう」と言いました。ゴリラくんとクマくんとトリくんは、公園で遊んでいたほかのお友だちも誘って、みんなで仲良くボール遊びをしました。

（問題21の絵を渡す）
①砂場で遊んでいたのは誰ですか。選んで○をつけてください。
②トリさんが持ってきたものは何ですか。選んで○をつけてください。

〈時間〉　各20秒

〈解答〉　①上段右から２番目（ウサギ）、下段左端（サル）
②下段右端（ボール）

学習のポイント

お話の記憶の問題です。当校の「お話の記憶」の問題は、例年、多くの動物たちが出てくるお話を題材にして出題されます。登場人物が多く、「誰が」「何をした」というポイントとその順番を、すべて記憶するのは簡単ではありません。そこで、お話を聞く時は、登場人物や場面を具体的にイメージしながら聞くようにしましょう。そうすることで、「誰が」「いつ」「何をした」などの情報を頭の中で整理することができ、記憶に残りやすくなります。日頃の読み聞かせの時、登場人物の気持ちを想像させたり、先の展開を予想させたりすることにより、想像力が養われます。また、季節やマナーに関する「常識」分野の設問や、「数量」についての設問もあるので、幅広い分野を習得している必要があります。絵本や物語の読み聞かせとともに、さまざまな分野について、幅広く学習しておきましょう。

【おすすめ問題集】
1話5分の読み聞かせお話集①・②、お話の記憶 初級編・中級編

問題22　分野：記憶（見る記憶）

観察 集中

〈準 備〉　鉛筆

〈問 題〉　（問題22-1の絵を見せる）
この絵をよく見て覚えてください。
（15秒後、問題22-1の絵を伏せて、問題22-2の絵を渡す）
先に見た絵と同じ絵に○をつけてください。

〈時 間〉　30秒

〈解 答〉　右上

学習のポイント

当校入試で頻出の「見る記憶」の問題です。ごく短い時間だけ見て記憶するためのコツは、まず全体を大まかに把握し、それから部分ごとに観察していくことでしょう。視線をあちこちに動かしていては、記憶していくポイントをはっきりさせることができず、記憶に残りにくくなります。まず俯瞰して絵の全体のイメージをとらえ、その後にポイントとなるところを見つけるために細部を見ていくという目配りを身に付けてください。また、保護者の方には当然のことかもしれませんが、見たものを言葉にすると、記憶に残りやすくなるものです。本問を例に取れば、「てっぺんの三角は、白で真ん中に縦線」「1番下は、左から三角、三角、四角、三角、三角」などと、自分なりの言葉で表していくとよいでしょう。

【おすすめ問題集】
Ｊｒ・ウォッチャー20「見る記憶・聴く記憶」

問題23　分野：数量（選んで数える）

考え　観察

〈準備〉　鉛筆

〈問題〉　①（問題23-1の絵を渡す）
上の段にカップとソーサーとスプーンがあります。1つずつセットにした時、どれがいくつ余りますか。余った数だけ、下の段のそれぞれの絵の四角に○を書いてください。
②（問題23-2の絵を渡す）
上の段の絵を見てください。1番多いお菓子はどれですか。下の段の左の四角の中から選んで○をつけ、右の四角にその数だけ○を書いてください。

〈時間〉　各30秒

〈解答〉　①カップ○：2、ソーサー○：0、スプーン○：1　②キャラメル、○：6

学習のポイント

計数の問題です。いずれも、ランダムに配置された複数のものを、正確に計数できる力が必要となります。①は3種類のものを組み合わせてセットを作った時の余りを問う問題です。こういった問題では、何種類かあるもののうち、数が1番少ないもの＝セット数になるということを覚えておけば、大幅に解答時間を短縮できます。しかし、本来は「数える能力」を測るための問題ですから、ランダムに配置されているものの中から、指定されたものだけを正確に数える方法は、きちんと身に付けておきましょう。②は3種類のもを数え、その結果を比較する問題です。ここでは、1番多いものに○をつけ、その数だけ○を書くという指示があります。その点に注意しましょう。こうした、ランダムに配置されたものを数える際には、「上から下へ」「左から右へ」と、数える順番のルールを決めておくことで、数え忘れや重複を防ぐことができます。また、見て数えるだけではなく、数えるものを指先で1つひとつ押さえていく（可能であれば、鉛筆でチェックを入れる）ことも、数え忘れや重複して数えることの防止につながります。まずは正確に、慣れてきたら、余裕を持って解答できるよう、速く数える練習していきましょう。

【おすすめ問題集】
Ｊｒ・ウォッチャー14「数える」、37「選んで数える」

問題24　分野：常識（いろいろな仲間）

知識　考え

〈準備〉　鉛筆

〈問題〉　上と下で関係があるものを線で結んでください。

〈時間〉　1分

〈解答〉　下図参照

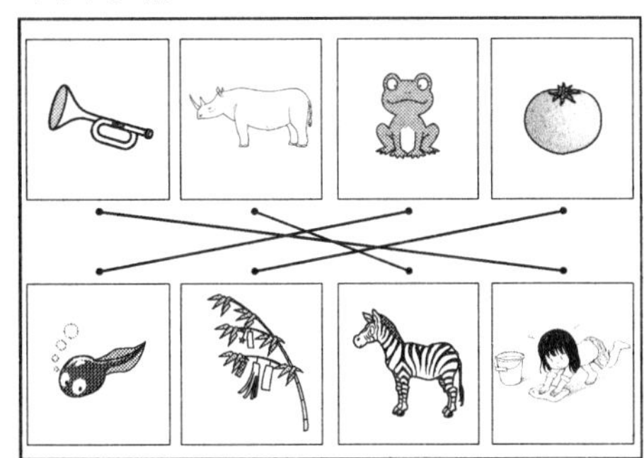

学習のポイント

共通点があるものの絵を線でつなぐ、仲間探しの問題です。年齢相応の知識だけでなく、それらを関連付けられるかという点も観点になっています。関連付けをする上で必要なのは、「共通点」を見抜くことです。ここでは、「同じ動詞（音が同じの場合もある）」「同じ成体と幼体」「季節と植物」「季節と行事」など多くのパターンの共通点があり、そういった共通点を見抜くためには、幅広い分野の学習と年齢相応の知識が必要になります。日々の生活の中で、お子さまが興味を示したものについて教える時はもちろん、言語分野や常識分野の学習の際にも、ものの名前や姿だけでなく、よく見られる季節や分類（飛ぶ、海に棲む、卵を産む…など）、関連する知識についてもあわせて教えていくようにしましょう。こうした知識は、体験を通じて得たもの、お子さま自身が好奇心を刺激され興味を持ったものは、記憶に残りやすいものです。お子さまが多くの刺激を受けることができるよう、日頃の生活の中で心がけるようにしましょう。

【おすすめ問題集】

Ｊｒ・ウォッチャー11「いろいろな仲間」、27「理科」、55「理科②」

問題25　分野：常識（季節）

知識

〈準 備〉　鉛筆

〈問 題〉　冬に関係あるものに○をつけてください。

〈時 間〉　1分

〈解 答〉　下図参照

学習のポイント

生活習慣に関する常識分野の問題です。季節の「植物」「行事・習慣」についての知識が問われています。最近では、ひな祭りやお月見など、季節の行事を行わない家庭もあります。また、品種改良や温室栽培によって、くだものや野菜も季節を問わず見ることができる時代ですから、いわゆる「季節感」を身に付けるのが難しい状況と言えるでしょう。ですから、こうした行事に参加する機会や、野菜やくだものがなっている姿を見る機会があれば、積極的に活かしてください。経験を通じた記憶に残りやすいものです。しかし、そのような機会がなかなかない場合には、本やインターネット、テレビなどを使い、「経験」に近い、お子さまがイメージしやすい形で学習できるよう、保護者の方が工夫してください。また、そうしたメディアを使用しての学習では、同じ季節の植物や、季節の行事など、関連する情報も得やすくなっています。あわせて学習することで、知識の幅を広げていきましょう。

【おすすめ問題集】

Ｊｒ・ウォッチャー11「いろいろな仲間」、30「生活習慣」、34「季節」

問題26　分野：推理（系列）

観察　考え

〈準備〉　鉛筆

〈問題〉　上の段に書かれたお約束と違う絵が並んでいるところを、下の段から探して、○をつけてください。

〈時間〉　1分

〈解答〉　下図参照

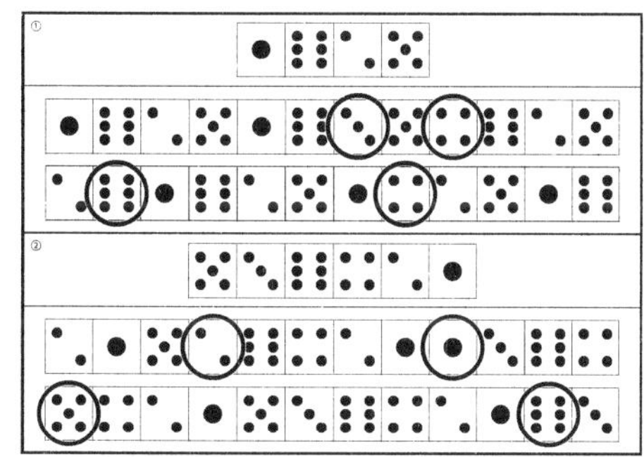

学習のポイント

一見、系列の問題に見えますが、系列では「お約束」を見つけることが主眼となっています。本問ではお約束が先に示され、それに合わない部分を探すという指示ですので、実質は同図形探しの問題と考えてよいでしょう。解答の方法としては、お約束として示された見本を正確に記憶し、問題の列を端から順番に見てくことで、異なっている部分を見つけることができます。記憶の問題と同様に、例えば①では「1、6、2、5」などと、言葉にして繰り返すと覚えやすいでしょう。お約束を覚えたら、「1、6、2、5…」と繰り返しながら列を1つひとつ確認していくと、覚えたお約束と異なる数が入っているマスが見つかりますので、そこが「違う」ところになります。また②は、2段目の最初のマスに違う数が入っています。①の場合、「2、の次は5、だから…」と考えてしまうと、後が続かなくなってしまいます。解答の○をつける前に、必ず全体を確認するということにも注意しておきましょう。

【おすすめ問題集】

Ｊｒ・ウォッチャー6「系列」、31「推理思考」

問題27　分野：図形（四方からの観察）

観察　考え

〈準備〉　鉛筆

〈問題〉　左の四角の絵の男の子の位置からテーブルの上のものを見ると、どのように見えますか。右の四角の中から選んで○をつけてください。

〈時間〉　1分

〈解答〉　①左から2番目　②右から2番目　③左から2番目

学習のポイント

四方からの観察の問題です。ものをさまざまな方向から見ると、同じものでも違った形に見えます。例えば四角錐は、上下から見れば正方形や長方形に、横から三角形に見えます。その形を想像するのは大人でも難しい場合があります。一般に未就学児は空間認識能力が未熟で、立体を頭の中で操作することがまだできないので、充分に練習しておいた方がよいでしょう。はじめのうちは、実際に物体を置いて違った角度から観察し、異なった形に見えるということを理解させましょう。また、見えた通りの絵を自分の手で描いてみると、よりわかりやすくなるかもしれません。また、積み木を用いた問題として「いくつの積み木が使われているか」という数量の問題も、小学校入試では頻出です。対策としては、実際に積み木を組んで、「積み木がいくつ使われているか」と、さまざまな角度から数えさせるとよいでしょう。計数と空間把握の双方を１度に練習することができます。

【おすすめ問題集】

Ｊｒ・ウォッチャー10「四方からの観察」、53「四方からの観察　積み木編」

問題28　分野：図形（回転図形）

観察　考え

〈準備〉　鉛筆

〈問題〉　それぞれの段の左端に、ある模様が書かれています。それぞれの模様を、黒い●が、☆のところまで来るように、矢印の向きに回すと、模様はどのように変わるでしょう。右から選んで○をつけてください。

〈時間〉　各30秒

〈解答〉　①右から２番目　②右端　③左端　④右端

学習のポイント

回転図形の問題です。「図形」分野の問題も、例年出題されています。本問はごく基礎的な「回転」です。こうした、頭の中での図形の操作が必要な問題は、例えば、透明なもの（クリアファイルなど）に、問題と同じ図形を書いたものを用意し、実際にお子さまの目で確かめられるようにしながら練習すると、理解が早まります。解答に必要な時間は、図形問題の処理に慣れるにしたがって、短くなっていきますが、はじめのうちはイメージを把握するための時間が必要かもしれません。急かさず、お子さまに考える時間を充分に与えてください。図形分野の問題は、２つ折りや４つ折りにした折り紙を切って開いた時の形を考える「展開」、２つの図形を重ねた時の様子を考える「重ね図形」、図形を裏返した後の様子を考える「対称」の問題などがあります、さまざまな種類の図形問題に取り組み、どのような種類の問題にも対応できるように準備しておきましょう。

【おすすめ問題集】

Ｊｒ・ウォッチャー46「回転図形」

問題29　分野：図形（図形の構成）

観察　考え

〈準備〉　鉛筆

〈問題〉　左の四角の中の見本を、右にある形のうち２つを使って作ります。使うものを選んで、○をつけてください。

〈時間〉　各30秒

〈解答〉　下図参照

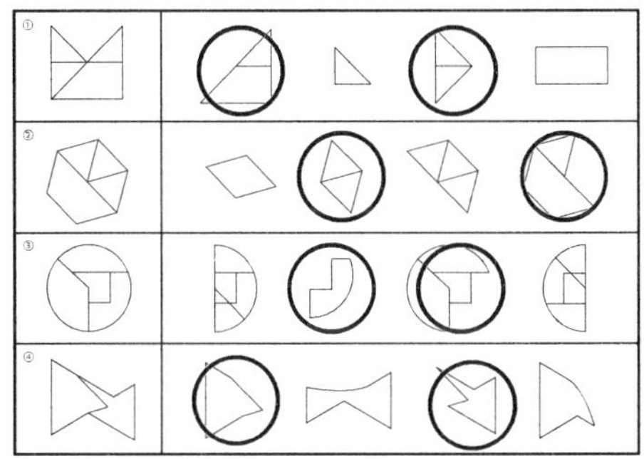

学習のポイント

図形の合成の問題です。２つの図形を組み合わせて、見本の図形を作ります。選択肢の図形は、見本の図形を分割したままの向きで置いてあるため、頭の中で回転させたり裏返したりする必要はありません。角や辺の長さに注目し、組み合わせることのできる図形を見つけていきましょう。また、本問では問題の見本の中に線が引かれています。この線もヒントになります。しかし、パッと見た時に「この線で２つに分ける」と勘違いしてしまう可能性もあります。問題の指示をきちんと聞き取り、理解するようにしてください。図形の「合成」は、「回転」「反転（裏返し）」「対称」「分割」などとともに、さまざまな図形問題の考え方の基礎となるものです。「反転させて、重ねる」や「分割して、それぞれ回転させる」といった、複数の要素を合わせた応用問題に対応するためにも、基礎的な問題の練習を通して、図形を操作するイメージを確実に理解しておきましょう。なお、図形を理解するための土台となる知識や考え方は、ふだんの遊びの中で築いていくことができます。タングラムやパターンブロックなど図形を操作する遊びは、四角形（正方形）は何度回転させても同じ形であることや、三角形は回転によって頂点の向きが変わる場合があることなど、図形の特性を体感的に理解し、図形を操作した際の結果を推測するためのよい練習となります。積極的に学習に取り入れていきましょう。

【おすすめ問題集】

Ｊｒ.ウォッチャー９「合成」、45「図形分割」、54「図形の構成」

問題30　分野：数量（積み木）

観察　集中

〈準備〉　鉛筆

〈問題〉　左の見本の形を作るのに、積み木はいくついりますか。その数だけ、右のおはじきに○をつけてください。

〈時間〉　各20秒

〈解答〉　①○：8　②○：9　③○：7

学習のポイント

積み木の計数の問題です。積み木をかぞえる際にポイントとなるのは、絵に書かれていない積み木（見えている積み木の奥や、１番下にあるもの）を忘れずに数えることができるかどうかです。積み木など立体を組み立てる遊びの経験が充分でないお子さまの場合、積み上げられた積み木の１番下や、影に隠れた積み木の存在を絵から想像することは難しいかもしれません。そのような場合は、実際に積み木を用意し、お子さまの目で確かめられるようにしてください。その時、積み木をいくつ使ったか、積んだ積み木はいくつに見えるか、見る方向を変えると、見え方はどのように変わるかなどを、具体物を目の前にして確認していきましょう。慣れてきたら、別の方向から見た時にどのように見えるかを想像し、絵に描かせてみるのもよいでしょう。頭の中で形をイメージする力が養われます。

【おすすめ問題集】

Ｊｒ・ウォッチャー16「積み木」

東京学芸大学附属小金井小学校　専用注文書

年　月　日

合格のための問題集ベスト・セレクション

＊入試頻出分野ベスト３

1st 常識　知識　聞く力　観察力

2nd 図形　観察力　思考力

3rd 記憶　集中力　聞く力　観察力

当校の問題は、記憶、言語、常識、数量、図形の分野からバランスよく出題されることが特徴です。シンプルな問題が多いので、基本的な問題を幅広く学習した上で、正確に答える力をつけてください。

分野	書名	価格(税抜)	注文	分野	書名	価格(税抜)	注文
図形	Ｊｒ・ウォッチャー4「同図形探し」	1,500円	冊	数量	Ｊｒ・ウォッチャー38「たし算・ひき算1」	1,500円	冊
図形	Ｊｒ・ウォッチャー5「回転・展開」	1,500円	冊	数量	Ｊｒ・ウォッチャー39「たし算・ひき算2」	1,500円	冊
推理	Ｊｒ・ウォッチャー6「系列」	1,500円	冊	図形	Ｊｒ・ウォッチャー48「鏡図形」	1,500円	冊
数量	Ｊｒ・ウォッチャー14「数える」	1,500円	冊	図形	Ｊｒ・ウォッチャー53「四方からの観察　積み木編」	1,500円	冊
数量	Ｊｒ・ウォッチャー15「比較」	1,500円	冊	図形	Ｊｒ・ウォッチャー54「図形の構成」	1,500円	冊
数量	Ｊｒ・ウォッチャー16「積み木」	1,500円	冊	常識	Ｊｒ・ウォッチャー55「理科②」	1,500円	冊
言語	Ｊｒ・ウォッチャー17「言葉の音遊び」	1,500円	冊	言語	Ｊｒ・ウォッチャー60「言葉の音（おん）」	1,500円	冊
言語	Ｊｒ・ウォッチャー18「いろいろな言葉」	1,500円	冊		1話5分の読み聞かせお話集①・②	1,800円	各　冊
記憶	Ｊｒ・ウォッチャー19「お話の記憶」	1,500円	冊		お話の記憶 中級編	2,000円	冊
記憶	Ｊｒ・ウォッチャー20「見る記憶・聴く記憶」	1,500円	冊		実践 ゆびさきトレーニング①・②・③	2,500円	各　冊
常識	Ｊｒ・ウォッチャー27「理科」	1,500円	冊		小学校受験で知っておくべき125のこと	2,600円	冊
運動	Ｊｒ・ウォッチャー28「運動」	1,500円	冊		新 小学校受験の入試面接Q＆A	2,600円	冊
常識	Ｊｒ・ウォッチャー34「季節」	1,500円	冊		新 願書・アンケート文例集500	2,600円	冊
数量	Ｊｒ・ウォッチャー37「選んで数える」	1,500円	冊		保護者の悩みQ＆A	2,600円	冊

合計	冊	円

（フリガナ） 氏　名	電　話 ＦＡＸ E-mail
住 所　〒　　－	以前にご注文されたことはございますか。 有 ・ 無

★お近くの書店、または記載の電話・FAX・ホームページにてご注文をお受けしております。
電話：03-5261-8951　FAX：03-5261-8953　代金は書籍合計金額＋送料がかかります。
※なお、落丁・乱丁以外の理由による商品の返品・交換には応じかねます。
★ご記入頂いた個人に関する情報は、当社にて厳重に管理致します。なお、ご購入の商品発送の他に、当社発行の書籍案内、書籍に関する調査に使用させて頂く場合がございますので、予めご了承ください。

日本学習図書株式会社
http://www.nichigaku.jp

問題 1

①

②

日本学習図書株式会社

問題２－１

日本学習図書株式会社

問題２－２

問題３

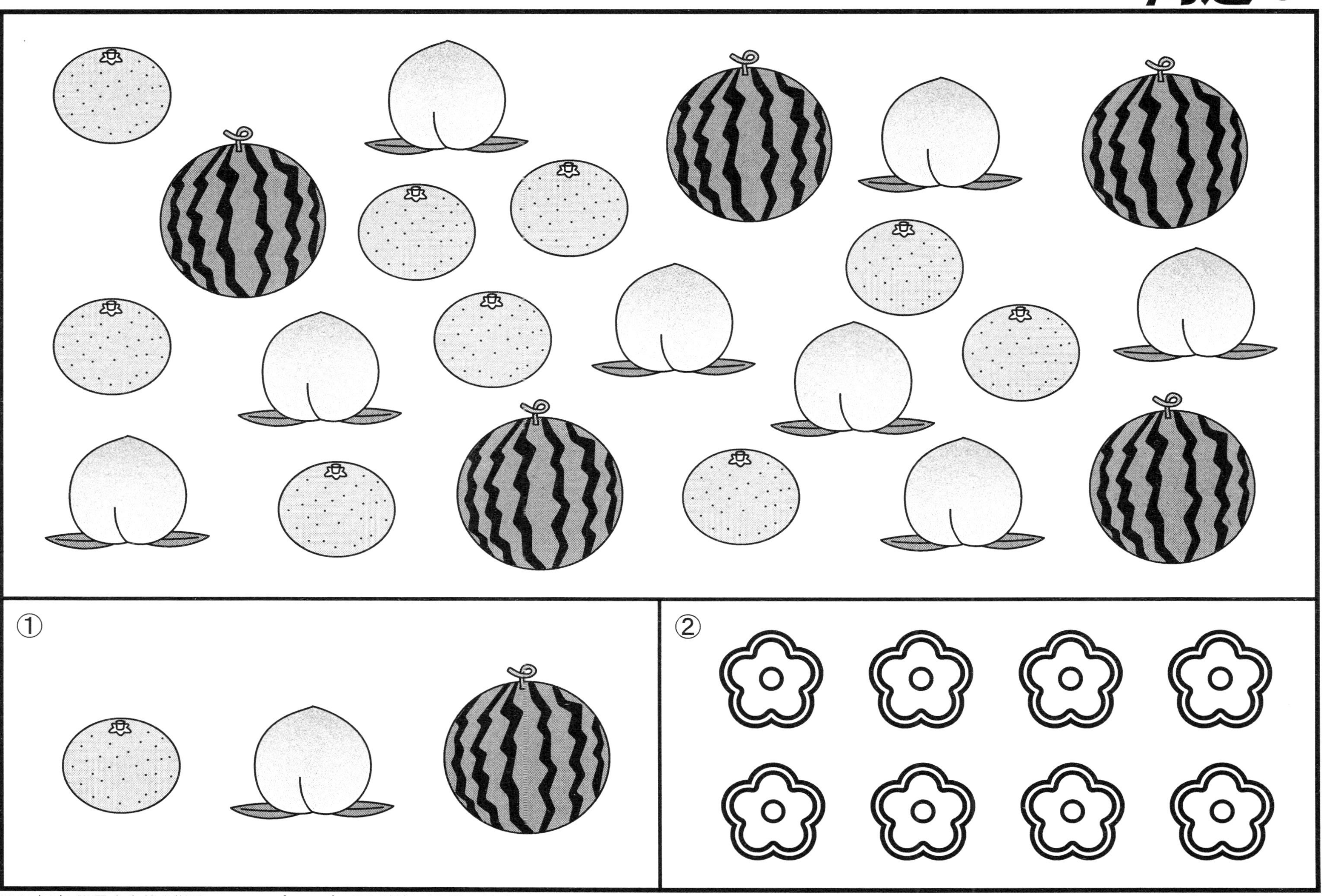

問題4

①

②

問題5

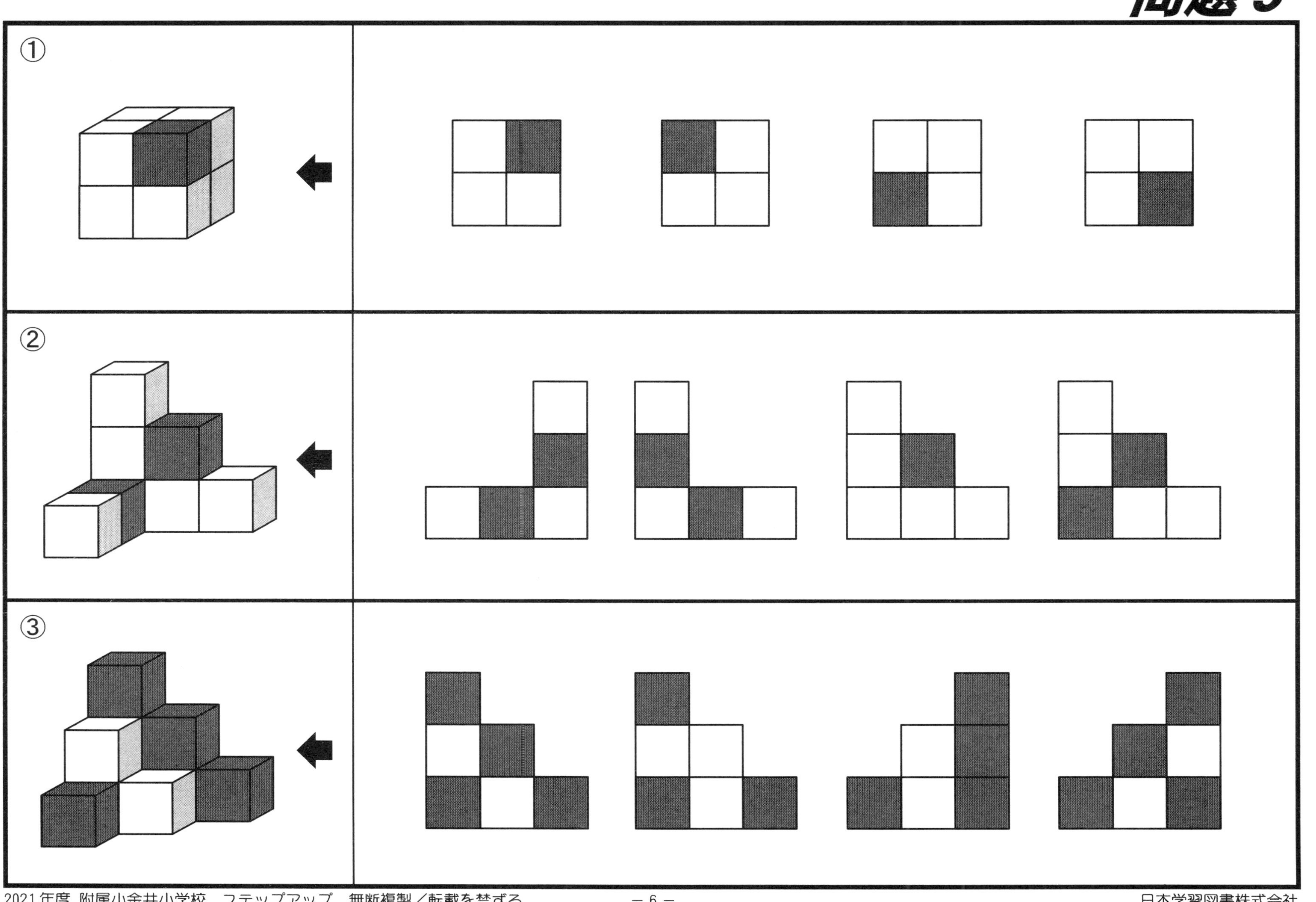

問題 6

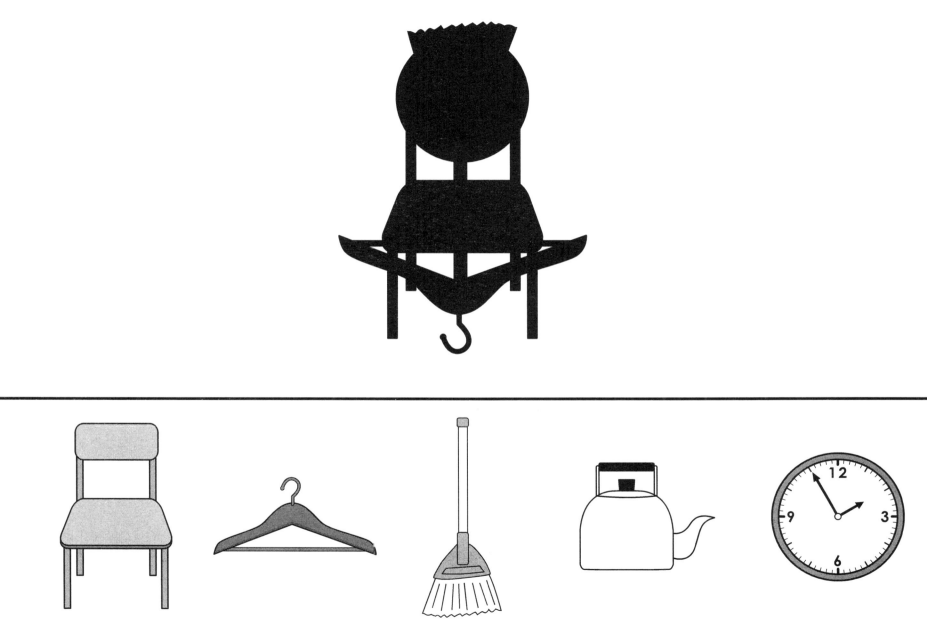

問題 7

問題8

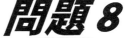

問題 9

問題１０

①お手本通りに折り紙を折る

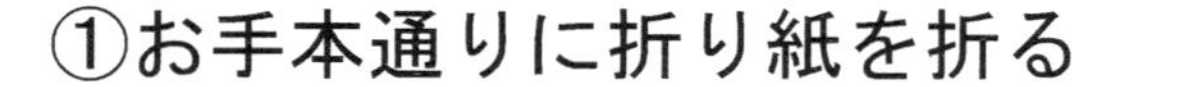

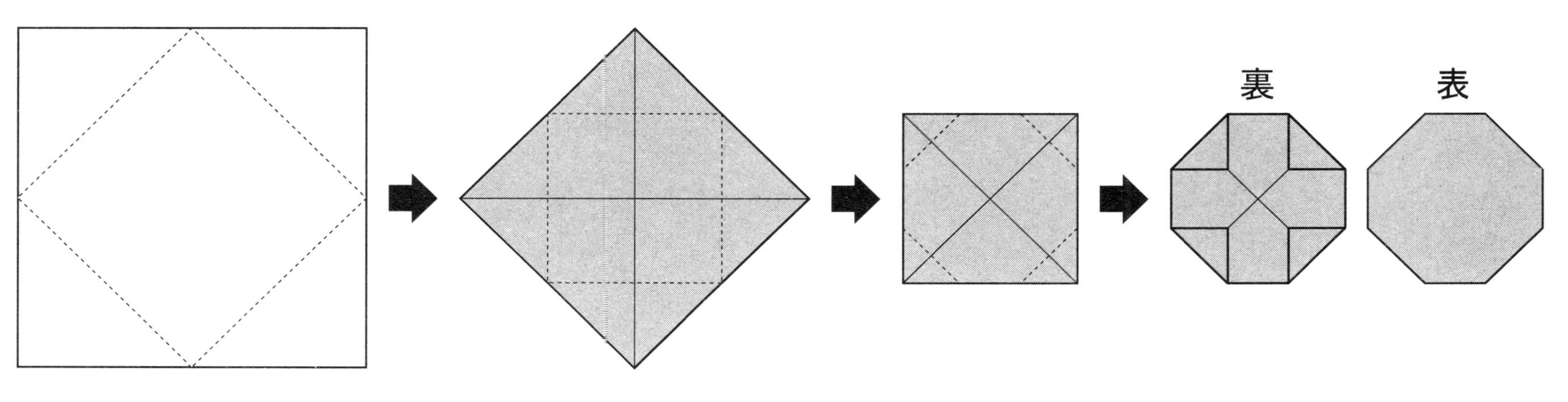

②お母さん（お父さん）の
好きなものを描く

③セロテープで
ひもを留める

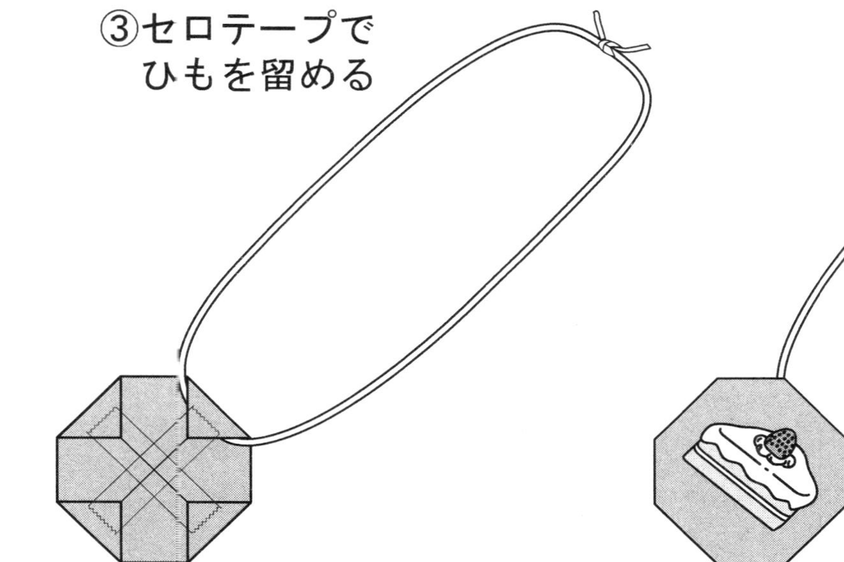

完成

問題１１

①

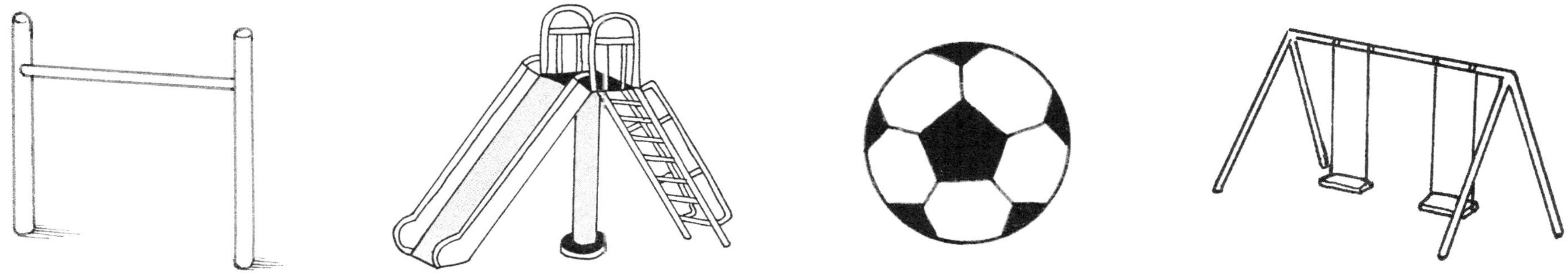

②

問題１２－１

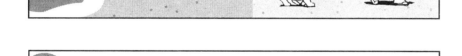

問題１３

①

②

③

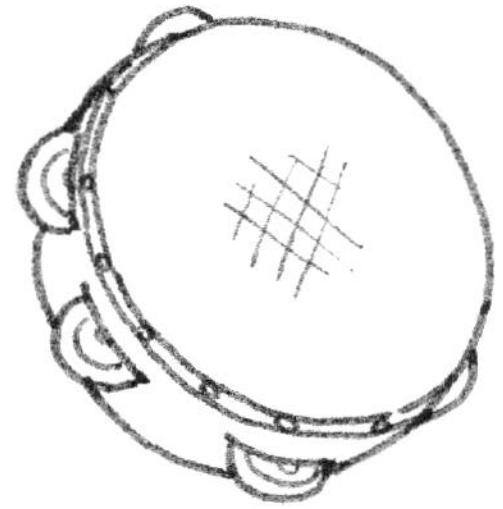

日本学習図書株式会社

問題１４

①

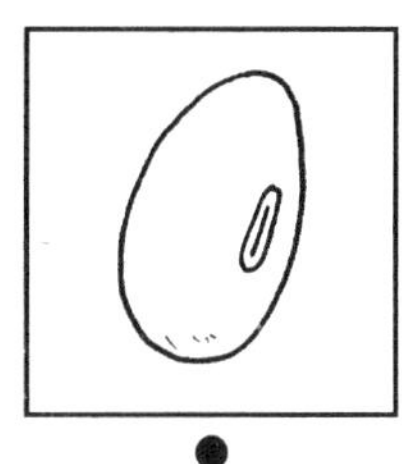

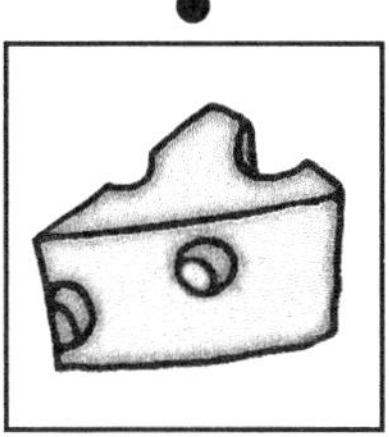

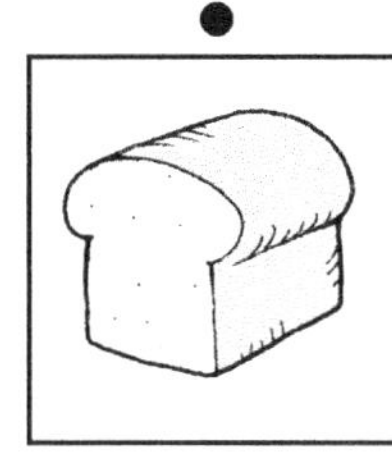

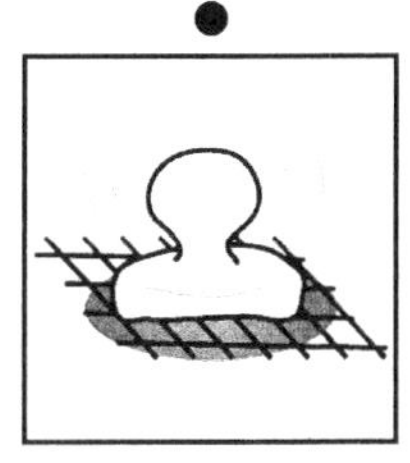

②

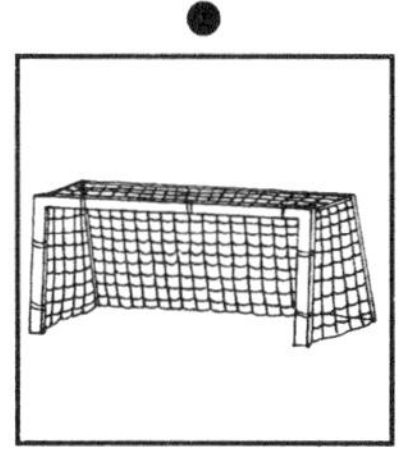

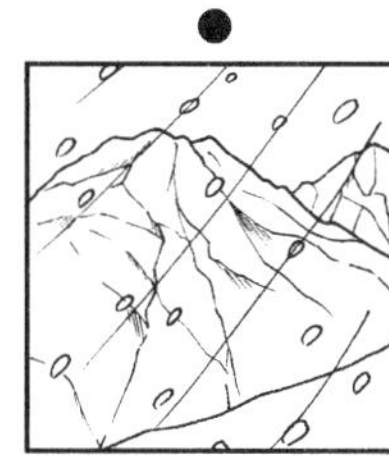

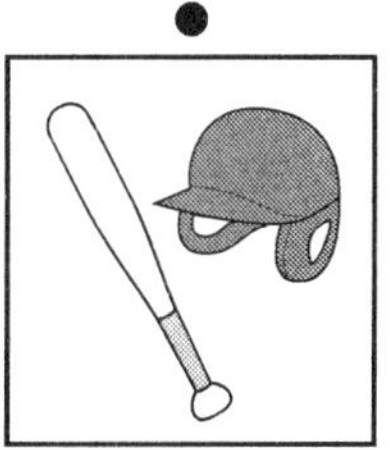

問題１５

①

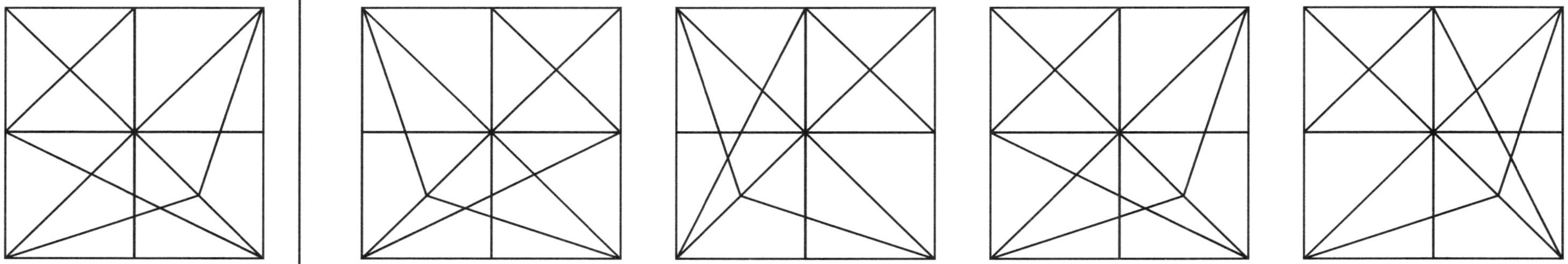

②

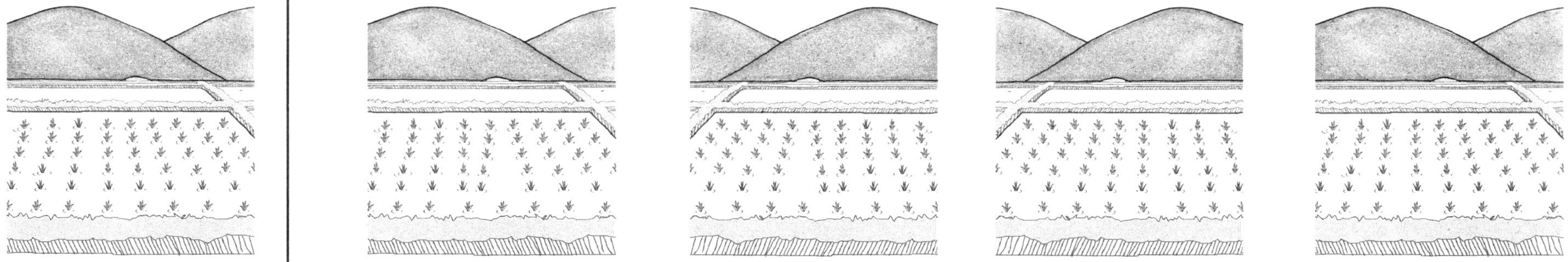

③

問題１６

①

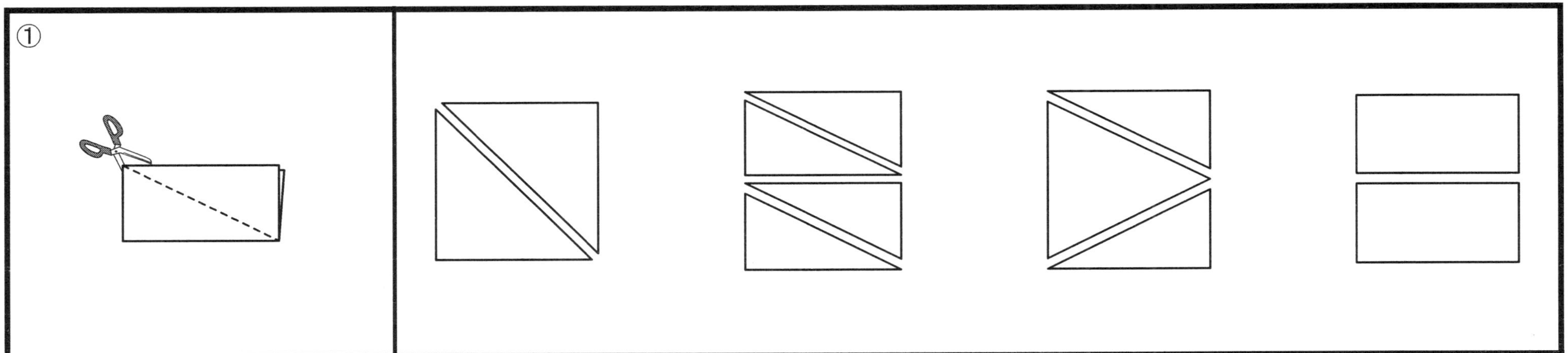

②

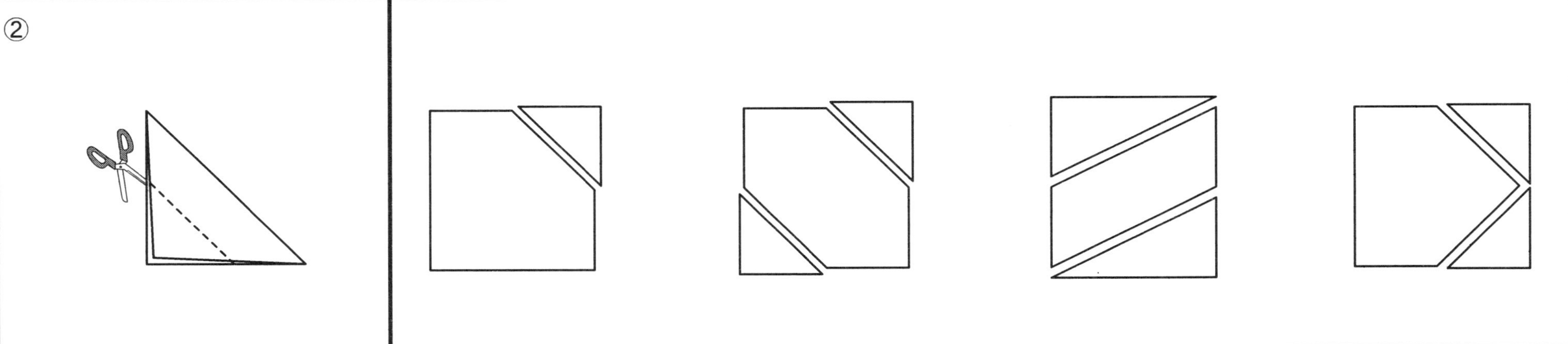

③

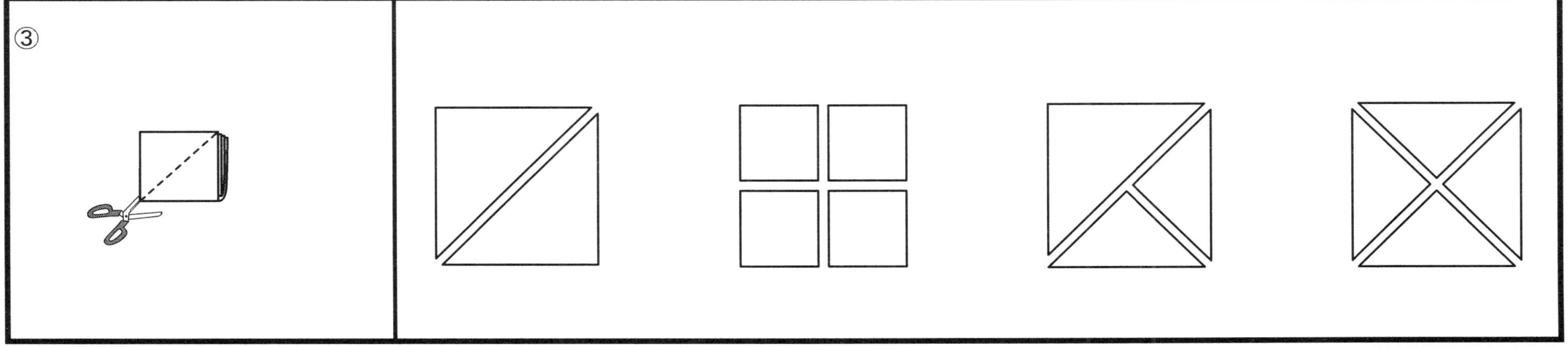

   日本学習図書株式会社

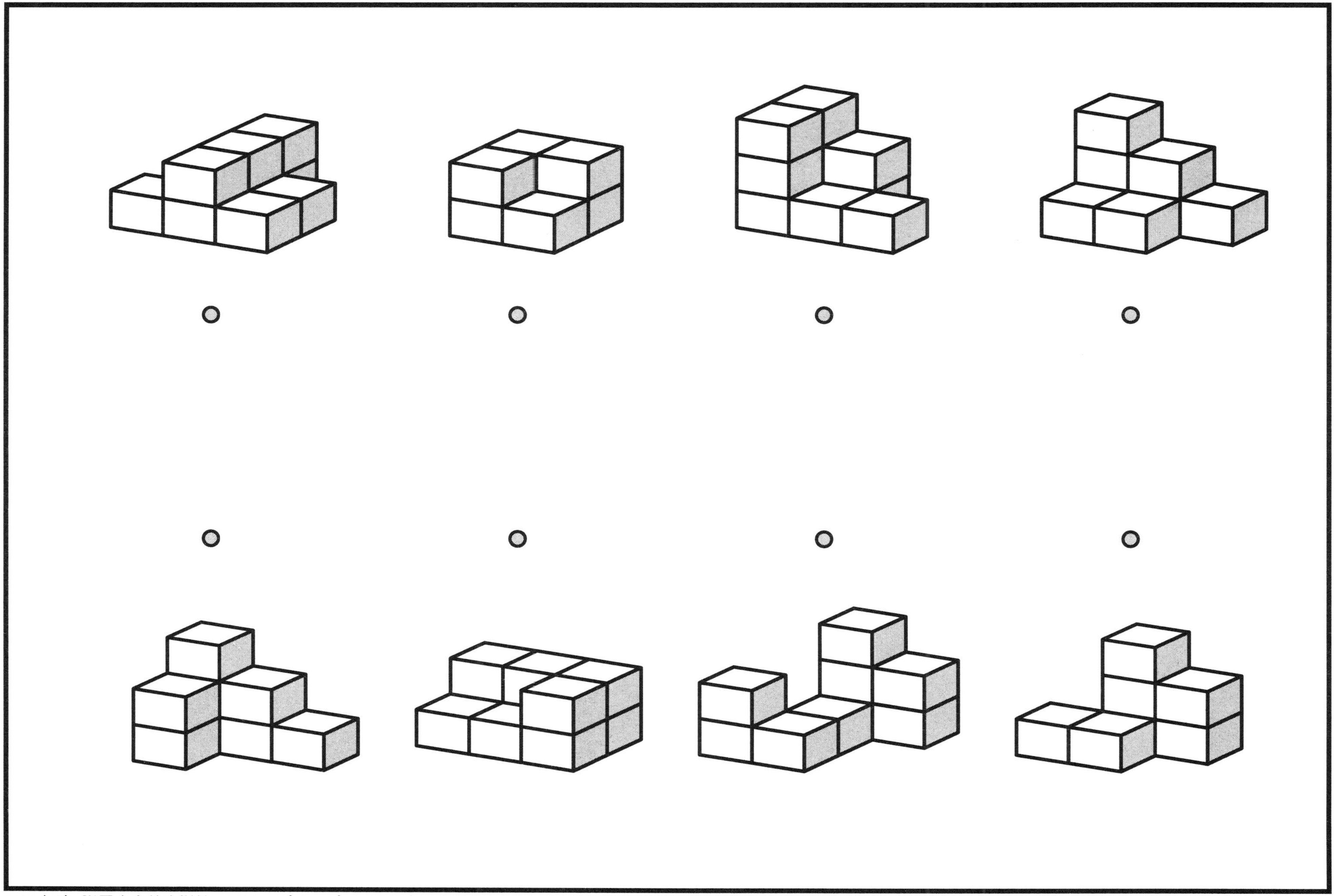

問題18

①

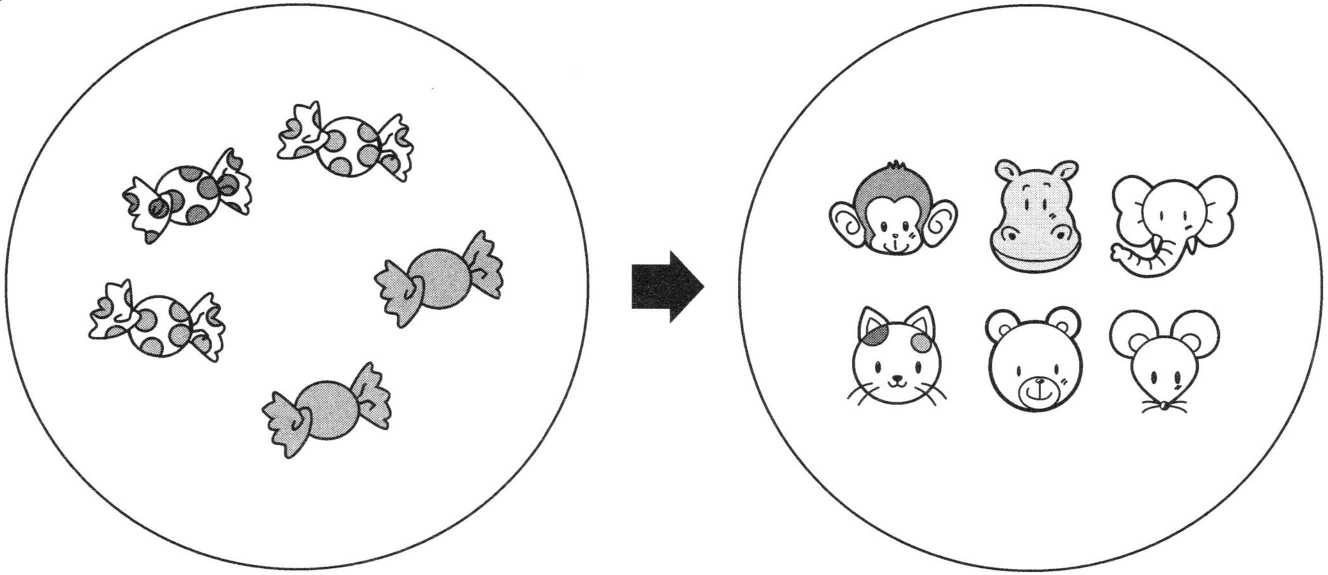

②

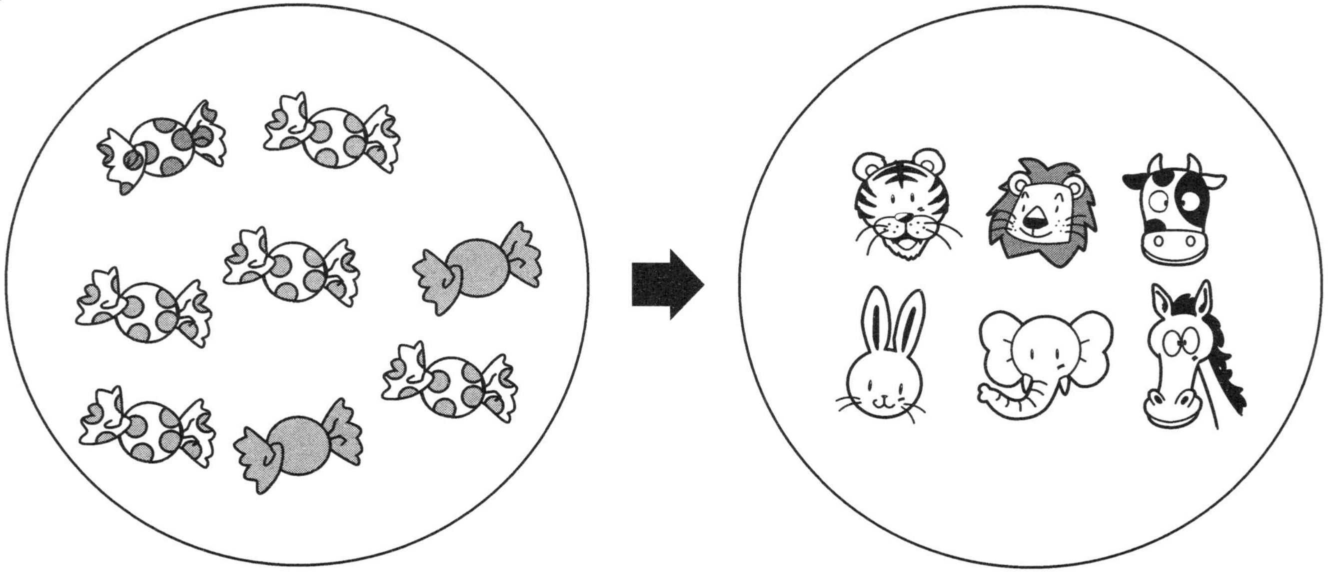

問題19

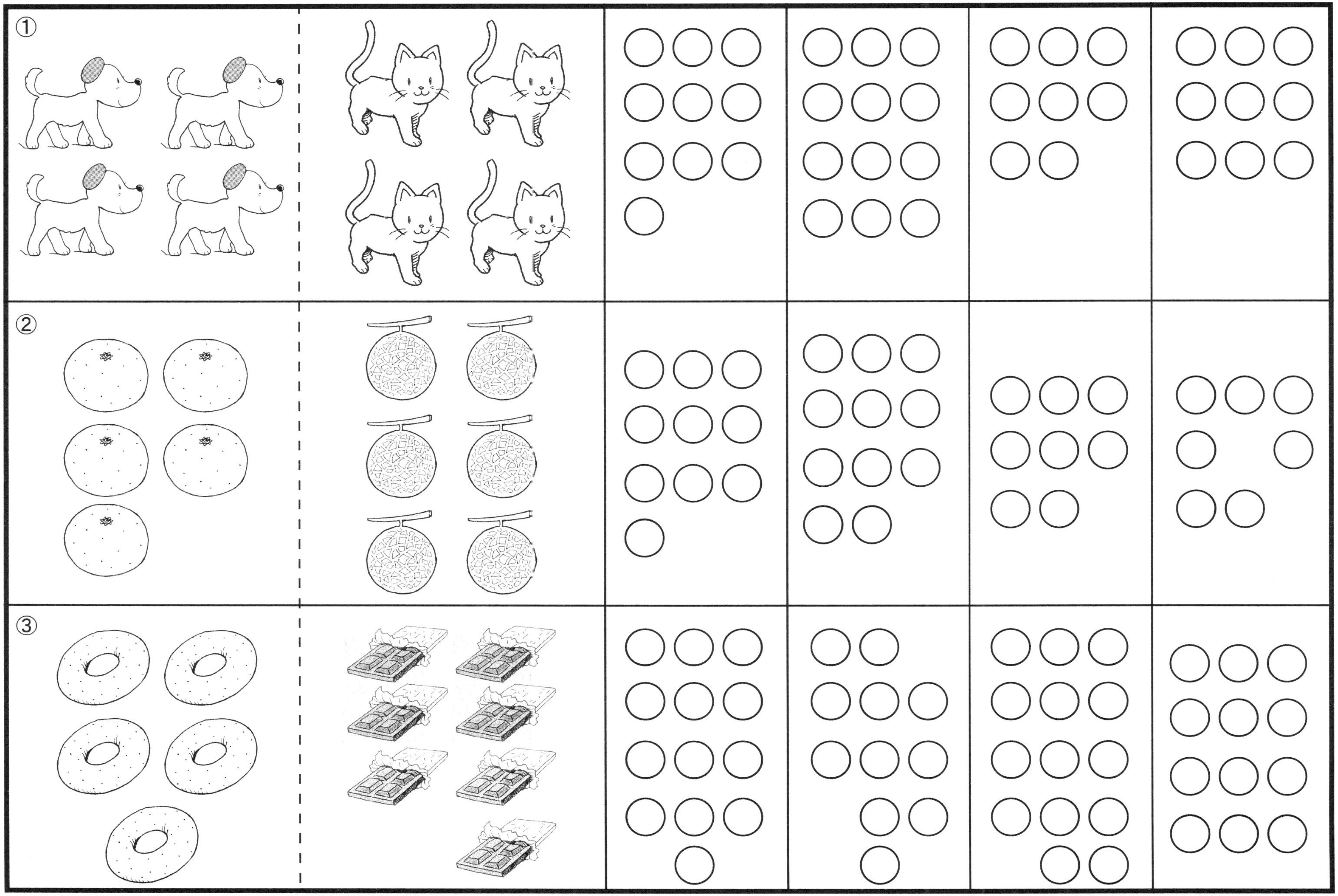

①

②

③

問題20－1

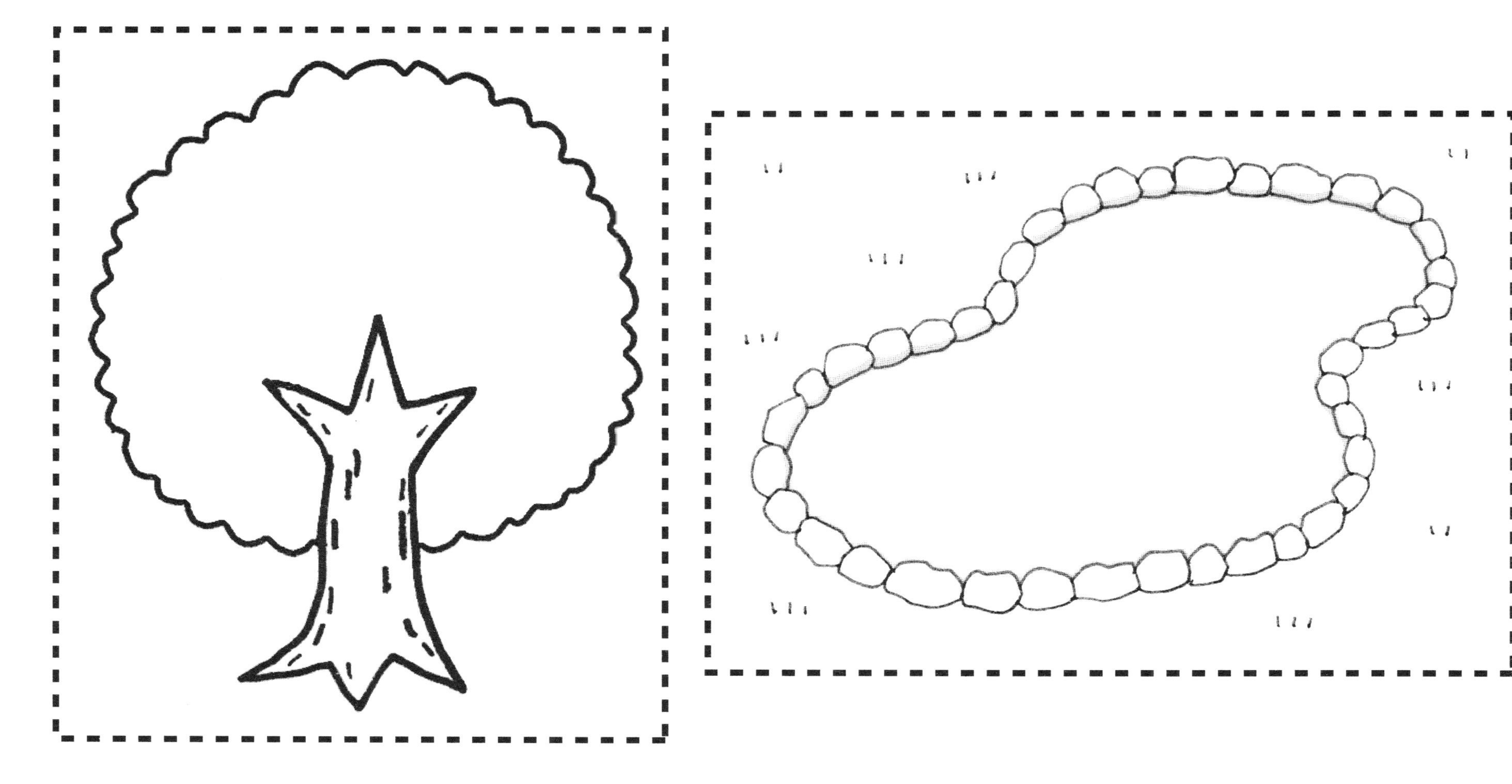

問題２０－２

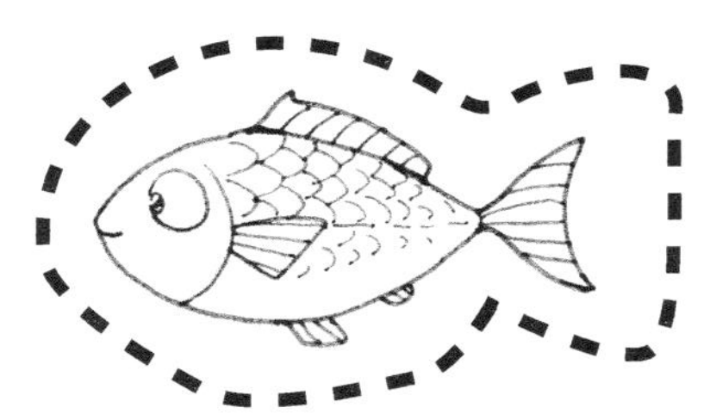

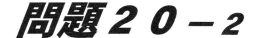

問題２１

①

②

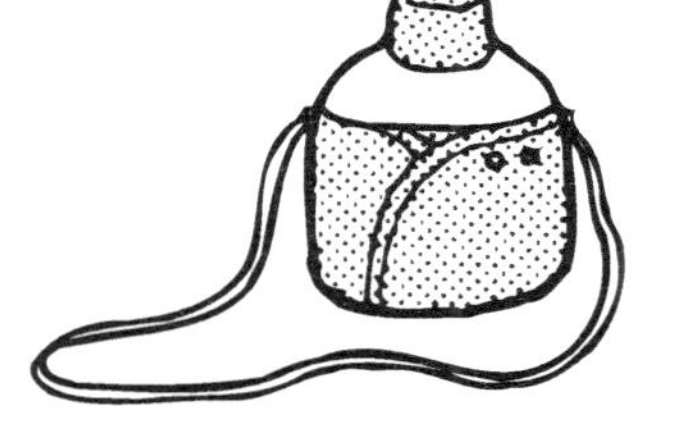
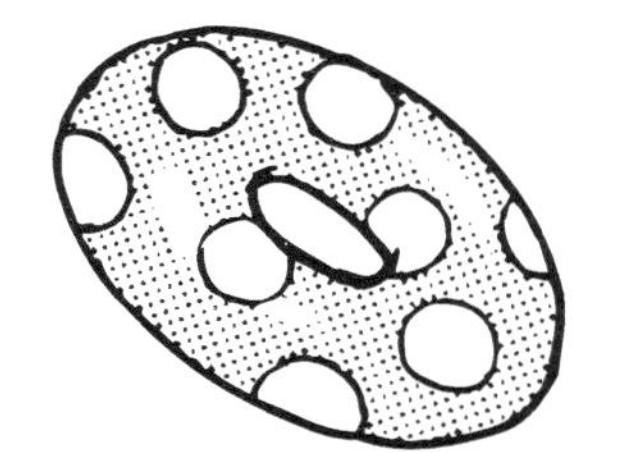

問題２２－１

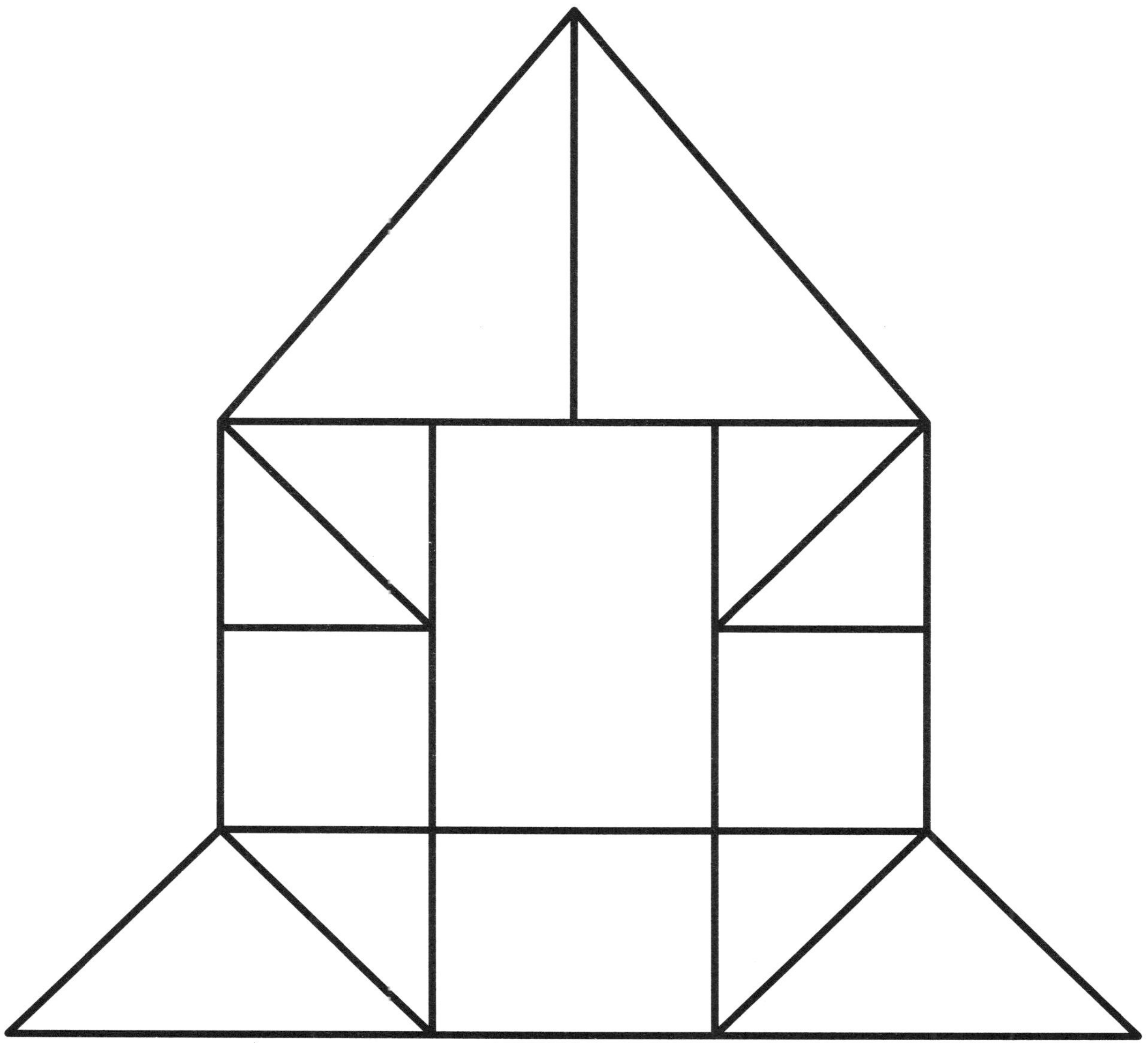

問題２２－２

問題２３－１

②

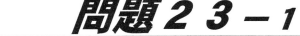

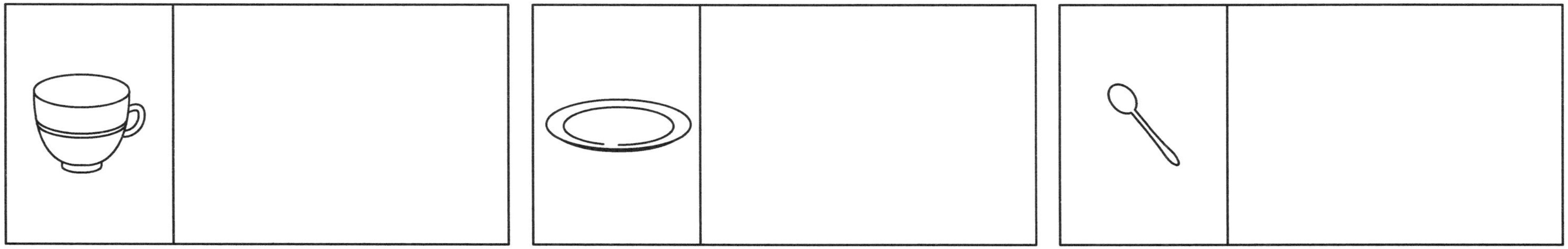

問題２３－２

①

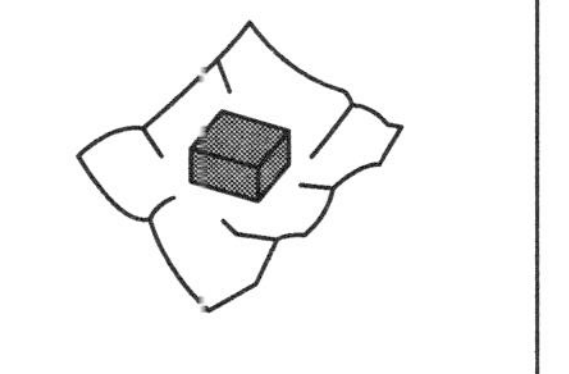
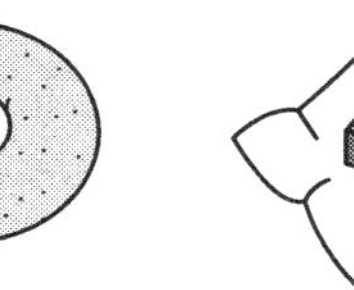
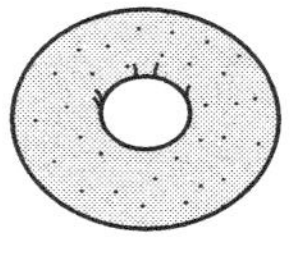
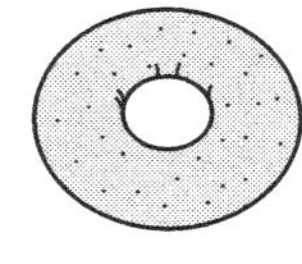
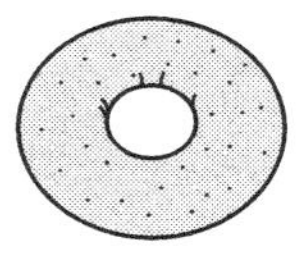
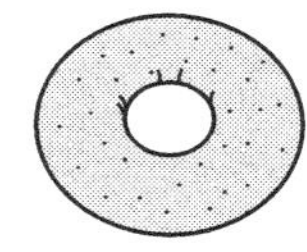
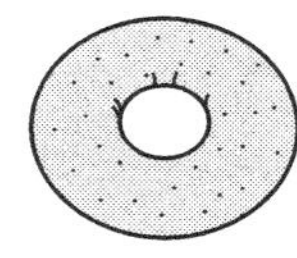
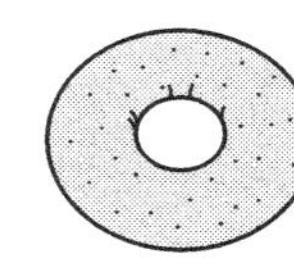
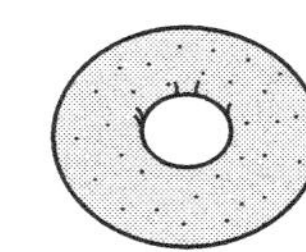
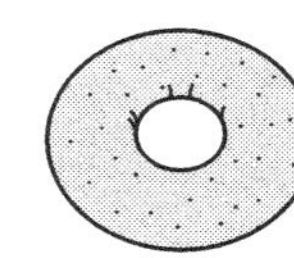
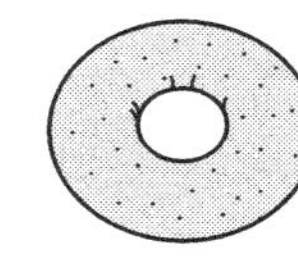
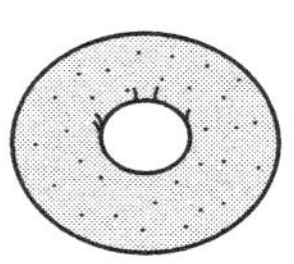
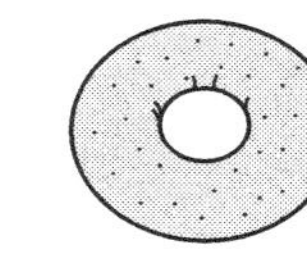
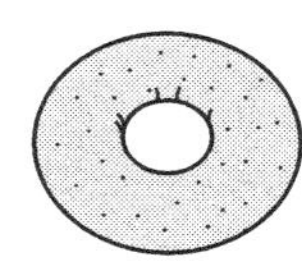
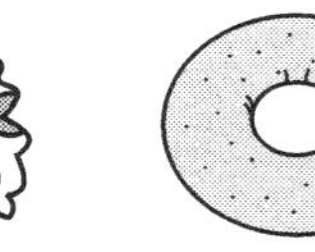
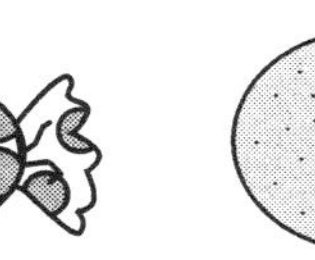

問題２４

問題２５

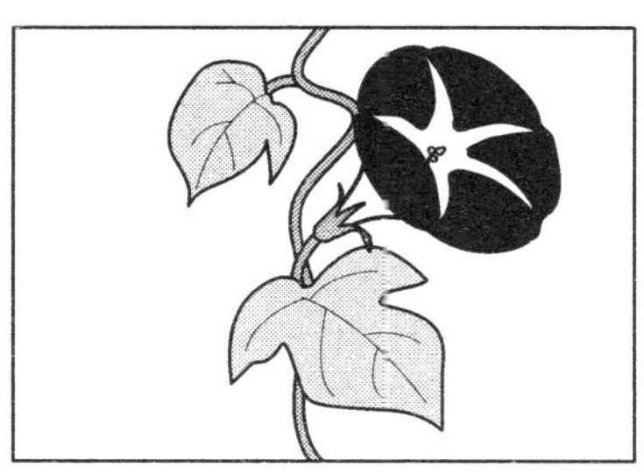

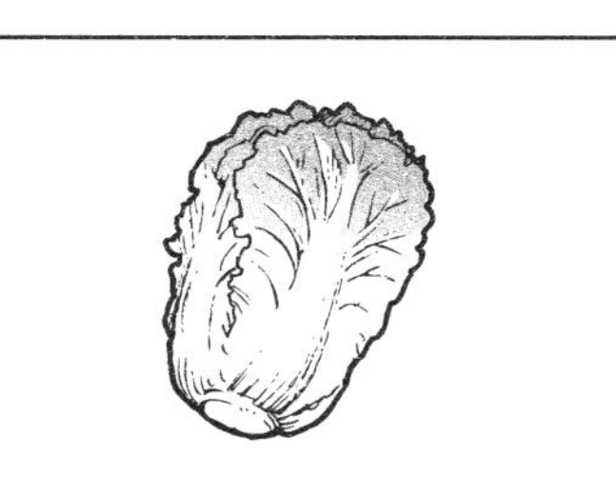

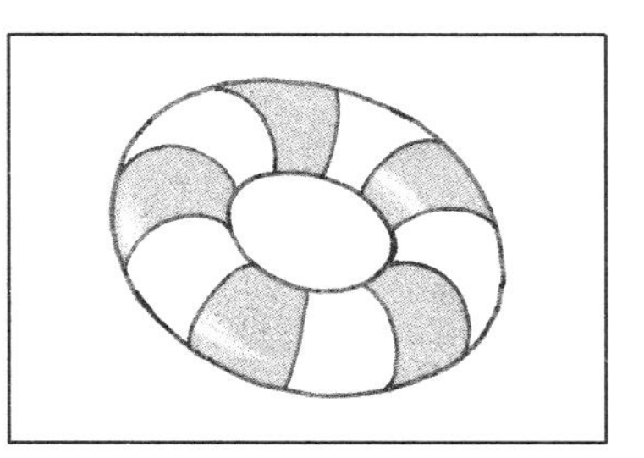
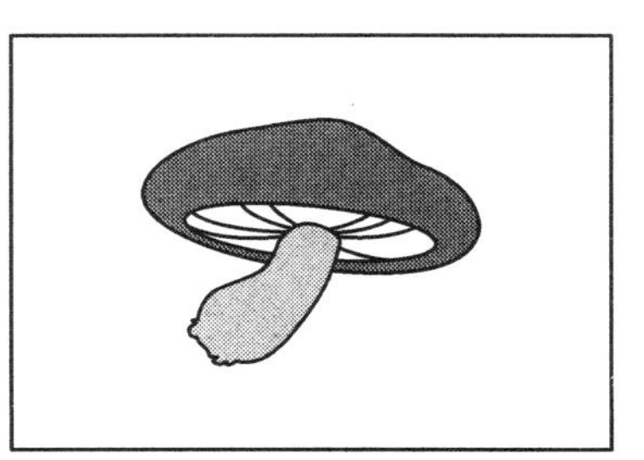

問題２６

①

②

問題２７

①

②

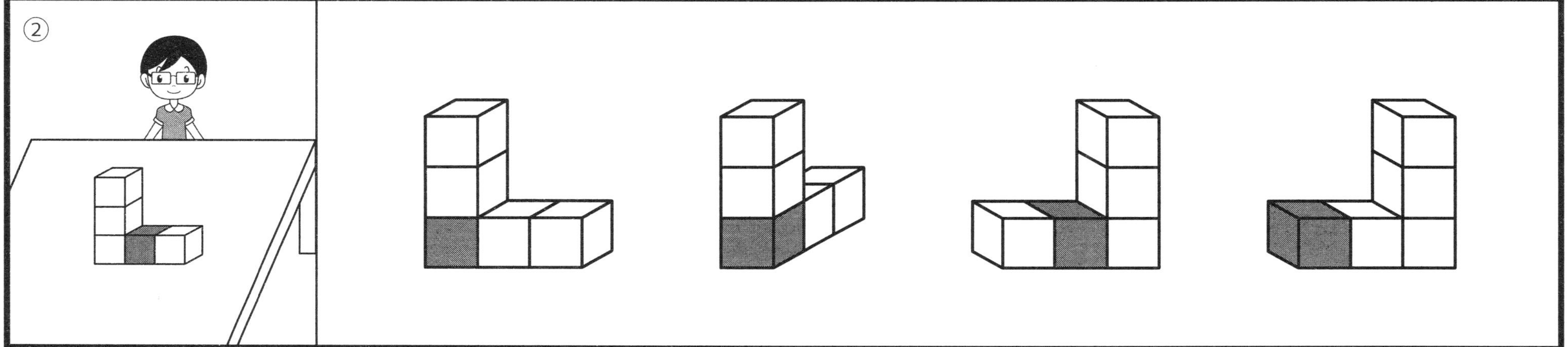

③

問題28

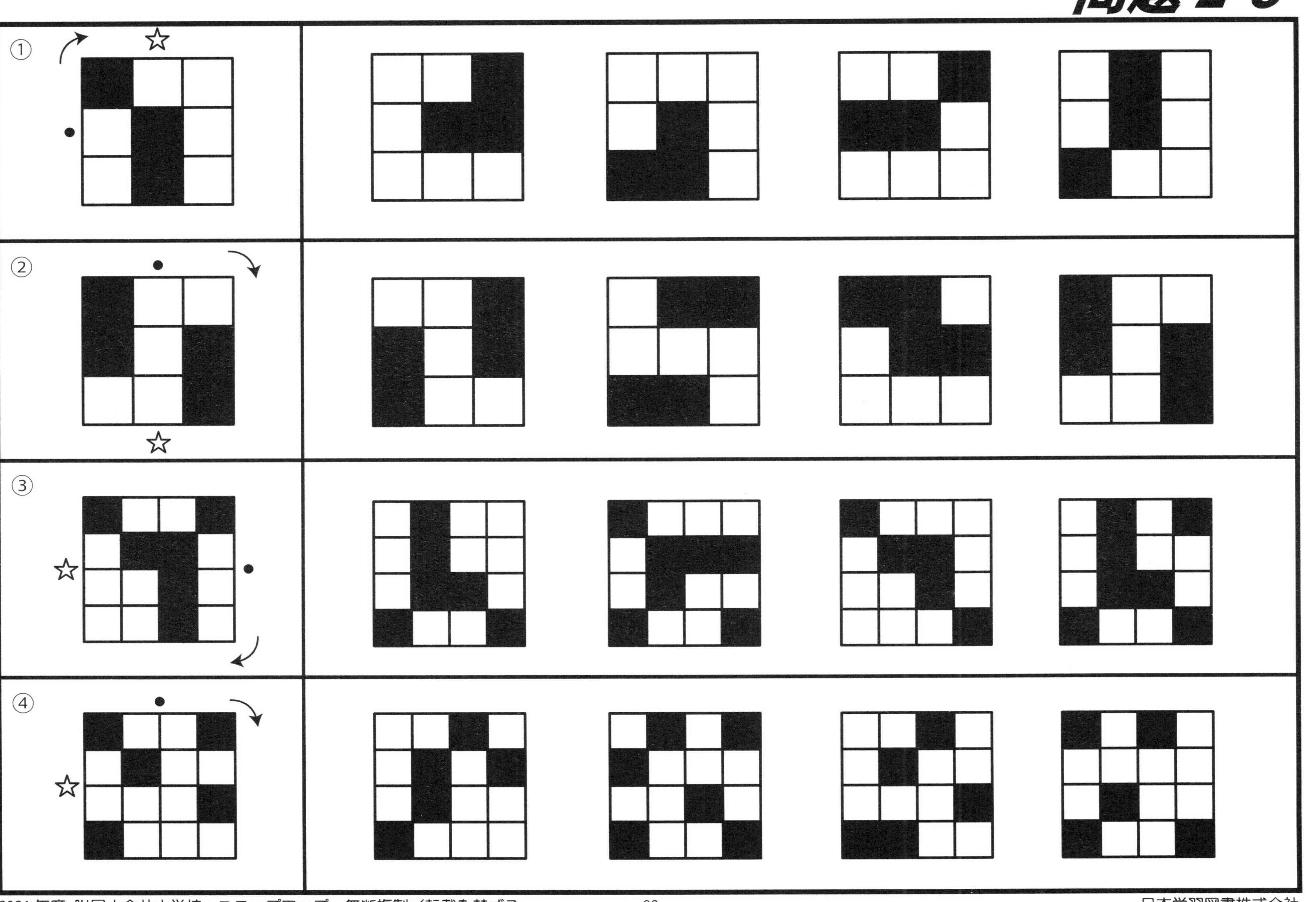

問題29

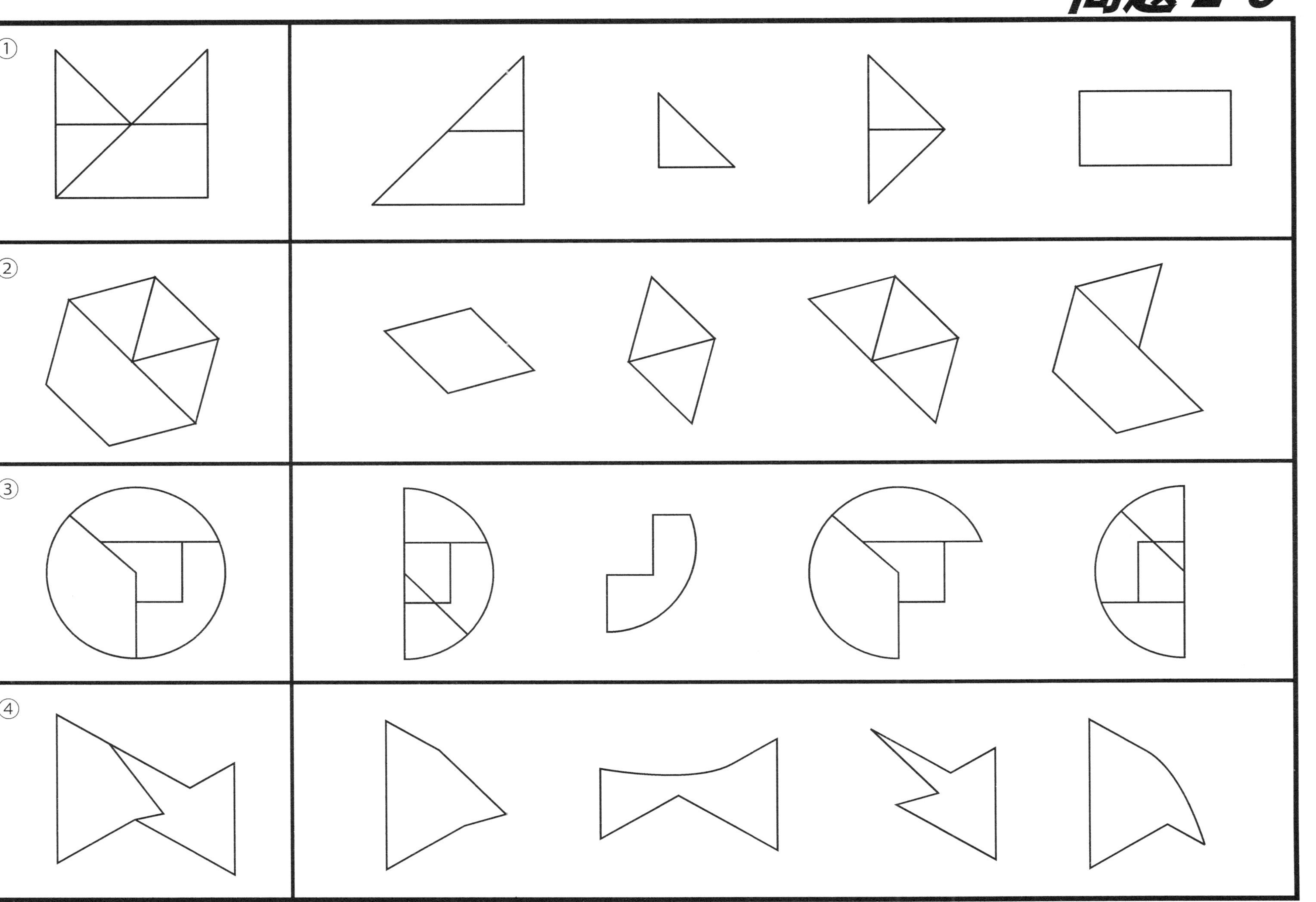

問題３０

①

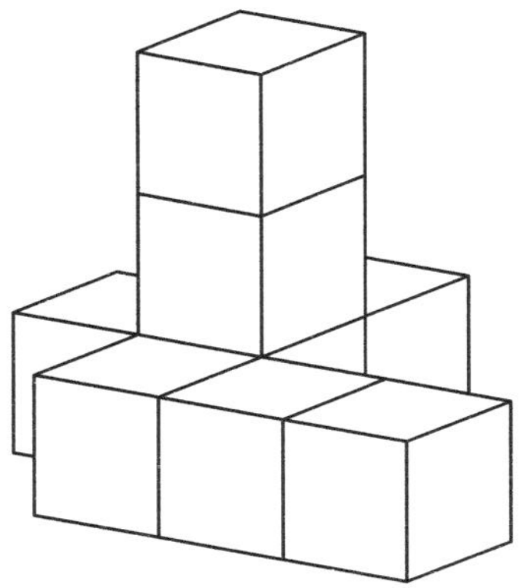

②

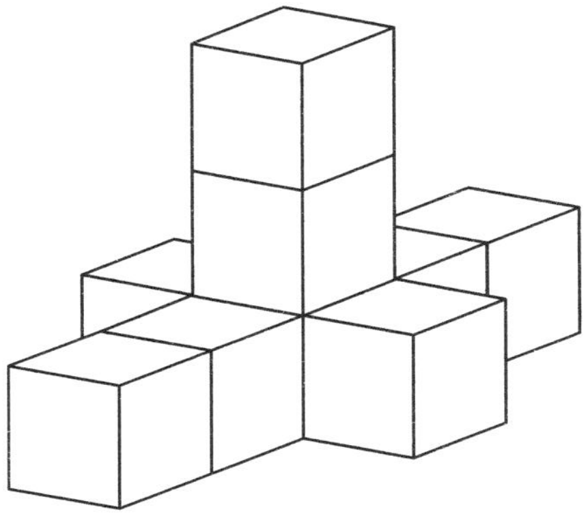

③

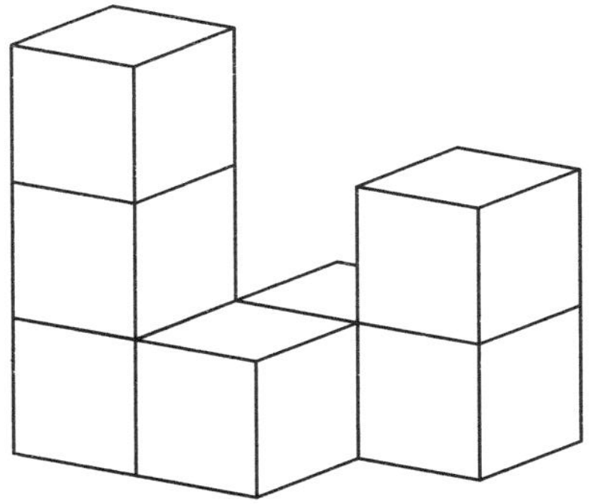

図書カード 1000 円分プレゼント

ご記入日 令和　年　月　日

☆国・私立小学校受験アンケート☆

※可能な範囲でご記入下さい。選択肢は○で囲んで下さい。

〈小学校名〉＿＿＿＿＿＿＿＿＿＿　〈お子さまの性別〉男・女　〈誕生月〉＿＿月

〈その他の受験校〉（複数回答可）＿＿＿＿＿＿＿＿＿＿

〈受験日〉①：＿月＿日〈時間〉＿時＿分～＿時＿分

②：＿月＿日〈時間〉＿時＿分～＿時＿分

〈受験者数〉男女計＿名（男子＿名　女子＿名）

〈お子さまの服装〉＿＿＿＿＿＿＿＿＿＿

〈入試全体の流れ〉（記入例）準備体操→行動観察→ペーパーテスト

＿＿＿＿＿＿＿＿＿＿

Eメールによる情報提供

日本学習図書では、Eメールでも入試情報を募集しております。

下記のアドレスに、アンケートの内容をご入力の上、メールをお送り下さい。

ojuken@nichigaku.jp

●行動観察　（例）好きなおもちゃで遊ぶ・グループで協力するゲームなど

〈実施日〉＿月＿日〈時間〉＿時＿分～＿時＿分〈着替え〉□有　□無

〈出題方法〉□肉声　□録音　□その他（　　　）〈お手本〉□有　□無

〈試験形態〉□個別　□集団（　　人程度）　〈会場図〉

〈内容〉

□自由遊び

＿＿＿＿＿＿＿＿＿＿

□グループ活動

＿＿＿＿＿＿＿＿＿＿

□その他

＿＿＿＿＿＿＿＿＿＿

●運動テスト（有・無）　（例）跳び箱・チームでの競争など

〈実施日〉＿月＿日〈時間〉＿時＿分～＿時＿分〈着替え〉□有　□無

〈出題方法〉□肉声　□録音　□その他（　　　）〈お手本〉□有　□無

〈試験形態〉□個別　□集団（　　人程度）　〈会場図〉

〈内容〉

□サーキット運動

□走り　□跳び箱　□平均台　□ゴム跳び

□マット運動　□ボール運動　□なわ跳び

□クマ歩き

□グループ活動＿＿＿＿＿＿＿＿＿＿

□その他＿＿＿＿＿＿＿＿＿＿

●知能テスト・口頭試問

〈実施日〉 ＿＿月＿＿日 **〈時間〉** ＿＿時＿＿分 ～ ＿＿時＿＿分 **〈お手本〉** □有 □無

〈出題方法〉 □肉声 □録音 □その他（　　　　　　） **〈問題数〉** ＿＿枚 ＿＿問

分野	方法	内容	詳細・イラスト
（例） お話の記憶	☑筆記 □口頭	動物たちが待ち合わせをする話	（あらすじ） 動物たちが待ち合わせをした。最初にウサギさんが来た。次にイヌくんが、その次にネコさんが来た。最後にタヌキくんが来た。 （問題・イラスト） ３番目に来た動物は誰か
お話の記憶	□筆記 □口頭		（あらすじ） （問題・イラスト）
図形	□筆記 □口頭		
言語	□筆記 □口頭		
常識	□筆記 □口頭		
数量	□筆記 □口頭		
推理	□筆記 □口頭		
その他	□筆記 □口頭		

●制作　(例) ぬり絵・お絵かき・工作遊びなど

〈実施日〉＿＿月＿＿日 **〈時間〉**＿＿時＿＿分＿＿～＿＿時＿＿分

〈出題方法〉　□肉声 □録音 □その他（　　　　　）**〈お手本〉**□有 □無

〈試験形態〉　□個別 □集団（　　　人程度）

材料・道具	制作内容
□ハサミ □のり（□つぼ □液体 □スティック） □セロハンテープ □鉛筆 □クレヨン（　色） □クーピーペン（　色） □サインペン（　色）□ □画用紙（□ A4 □ B4 □ A3 □その他：　　　　） □折り紙 □新聞紙 □粘土 □その他（　　　　）	□切る □貼る □塗る □ちぎる □結ぶ □描く □その他（　　　　） タイトル：＿＿＿＿＿＿＿＿

●面接

〈実施日〉＿＿月＿＿日 **〈時間〉**＿＿時＿＿分＿＿～＿＿時＿＿分 **〈面接担当者〉**＿＿名

〈試験形態〉□志願者のみ（　）名 □保護者のみ □親子同時 □親子別々

〈質問内容〉

□志望動機　□お子さまの様子

□家庭の教育方針

□志望校についての知識・理解

□その他（　　　　　　　　）

（詳　細）

・

・

・

・

※試験会場の様子をご記入下さい。

例

校長先生　教頭先生

㊇　㋙　㊯

出入口

●保護者作文・アンケートの提出（有・無）

〈提出日〉　□面接直前　□出願時　□志願者考査中　□その他（　　　　　　　）

〈下書き〉　□有　□無

〈アンケート内容〉

（記入例）当校を志望した理由はなんですか（150 字）

●説明会（□有　□無）〈開催日〉＿＿月＿＿日〈時間〉＿＿時＿＿分～＿＿時＿＿分
〈上履き〉□要　□不要〈願書配布〉□有　□無〈校舎見学〉□有　□無
〈ご感想〉

●参加された学校行事（複数回答可）
公開授業〈開催日〉＿＿月＿＿日〈時間〉＿＿時＿＿分～＿＿時＿＿分
運動会など〈開催日〉＿＿月＿＿日〈時間〉＿＿時＿＿分～＿＿時＿＿分
学習発表会・音楽会など〈開催日〉＿＿月＿＿日〈時間〉＿＿時＿＿分～＿＿時＿＿分
〈ご感想〉
※是非参加したほうがよいと感じた行事について

●受験を終えてのご感想、今後受験される方へのアドバイス
※対策学習（重点的に学習しておいた方がよい分野）、当日準備しておいたほうがよい物など

＊＊＊＊＊＊＊＊＊＊＊＊　ご記入ありがとうございました　＊＊＊＊＊＊＊＊＊＊＊＊

必要事項をご記入の上、ポストにご投函ください。

なお、本アンケートの送付期限は入試終了後３ヶ月とさせていただきます。また、入試に関する情報の記入量が当社の基準に満たない場合、謝礼の送付ができないことがございます。あらかじめご了承ください。

ご住所：〒＿＿＿＿＿＿＿＿＿＿＿＿＿＿＿＿

お名前：＿＿＿＿＿＿＿＿＿＿　メール：＿＿＿＿＿＿＿＿＿＿

TEL：＿＿＿＿＿＿＿＿＿＿　FAX：＿＿＿＿＿＿＿＿＿＿

アンケートのご記入ありがとうございました

ご記入頂いた個人に関する情報は、当社にて厳重に管理致します。弊社の個人情報取り扱いに関する詳細は、www.nichigaku.jp/policy.php の「個人情報の取り扱い」をご覧下さい。

分野別 小学入試練習帳 ジュニアウォッチャー

1．点・線図形	小学校入試で出題頻度の高い『点・線図形』の模写を、難易度の低いものから段階別に幅広く練習することができるように構成。
2．座標	図形の位置模写という作業を、難易度の低いものから段階別に練習できるように構成。
3．パズル	様々なパズルの問題を難易度の低いものから段階別に練習できるように構成。
4．同図形探し	小学校入試で出題頻度の高い、同図形選びの問題を繰り返し練習できるように構成。
5．回転・展開	図形などを回転、または展開したとき、形がどのように変化するかを学習し、理解を深められるように構成。
6．系列	数、図形などの様々な系列問題を、難易度の低いものから段階別に練習できるように構成。
7．迷路	迷路の問題を繰り返し練習できるように構成。
8．対称	対称に関する問題を４つのテーマに分類し、各テーマごとに問題を段階別に練習できるように構成。
9．合成	図形の合成に関する問題を、難易度の低いものから段階別に練習できるように構成。
10．四方からの観察	もの（立体）を様々な角度から見て、どのように見えるかを推理する問題を段階別に整理し、１つの形式で複数の問題を練習できるように構成。
11．いろいろな仲間	ものや動物、植物の共通点を見つけ、分類していく問題を中心に構成。
12．日常生活	日常生活における様々な問題を６つのテーマに分類し、各テーマごとに一つの問題形式で複数の問題を練習できるように構成。
13．時間の流れ	『時間』に着目し、様々なものごとは、時間が経過するとどのように変化するのかということを学習し、理解できるように構成。
14．数える	様々なものを『数える』ことから、数の多少の判定やかけ算、わり算の基礎までを練習できるように構成。
15．比較	比較に関する問題を５つのテーマ（数、高さ、長さ、量、重さ）に分類し、各テーマごとに問題を段階別に練習できるように構成。
16．積み木	数える対象を積み木に限定した問題集。
17．言葉の音遊び	言葉の音に関する問題を５つのテーマに分類し、各テーマごとに問題を段階別に練習できるように構成。
18．いろいろな言葉	表現力をより豊かにするいろいろな言葉として、擬態語や擬声語、同音異義語、反意語、数詞を取り上げた問題集。
19．お話の記憶	お話を聴いてその内容を記憶、理解し、設問に答える形式の問題集。
20．見る記憶・聴く記憶	「見て憶える」「聴いて憶える」という『記憶』分野に特化した問題集。
21．お話作り	いくつかの絵を元にしてお話を作る練習をして、想像力を養うことができるように構成。
22．想像画	描かれてある形や景色に好きな絵を描くことにより、想像力を養うことができるように構成。
23．切る・貼る・塗る	小学校入試で出題頻度の高い、はさみやのりなどを用いた巧緻性の問題を繰り返し練習できるように構成。
24・絵画	小学校入試で出題頻度の高い、お絵かきやぬり絵などクレヨンやクーピーペンを用いた巧緻性の問題を繰り返し練習できるように構成。
25．生活巧緻性	小学校入試で出題頻度の高い日常生活の様々な場面における巧緻性の問題集。
26．文字・数字	ひらがなの清音、濁音、拗音、拗長音、促音と１～20までの数字に焦点を絞り、練習できるように構成。
27．理科	小学校入試で出題頻度が高くなりつつある理科の問題を集めた問題集。
28．運動	出題頻度の高い運動問題を種目別に分けて構成。
29．行動観察	項目ごとに問題提起をし、「このような時はどうか、あるいはどう対処するのか」の観点から問いかける形式の問題集。
30．生活習慣	学校から家庭に提起された問題と思って、一問一問絵を見ながら話し合い、考える形式の問題集。
31．推理思考	数、量、言語、常識（含理科、一般）など、諸々のジャンルから問題を構成し、近年の小学校入試問題傾向に沿って構成。
32．ブラックボックス	箱や筒の中を通ると、どのようなお約束でどのように変化するかを推理・思考する問題集。
33．シーソー	重さの違うものをシーソーに乗せた時どちらに傾くのか、またどうすればシーソーは釣り合うのかを思考する基礎的な問題集。
34．季節	様々な行事や植物などを季節別に分類できるように知識をつける問題集。
35．重ね図形	小学校入試で頻繁に出題されている「図形を重ね合わせてできる形」についての問題を集めました。
36．同数発見	様々な物を数え「同じ数」を発見し、数の多少の判断や数の認識の基礎を学べるように構成した問題集。
37．選んで数える	数の学習の基本となる、いろいろなものの数を正しく数える学習を行う問題集。
38．たし算・ひき算１	数字を使わず、たし算とひき算の基礎を身につけるための問題集。
39．たし算・ひき算２	数字を使わず、たし算とひき算の基礎を身につけるための問題集。
40．数を分ける	数を等しく分ける問題です。等しく分けたときに余りが出るものもあります。
41．数の構成	ある数がどのような数で構成されているか学んでいきます。
42．一対多の対応	一対一の対応から、一対多の対応まで、かけ算の考え方の基礎学習を行います。
43．数のやりとり	あげたり、もらったり、数の変化をしっかりと学びます。
44．見えない数	指定された条件から数を導き出します。
45．図形分割	図形の分割に関する問題集。パズルや合成の分野にも通じる様々な問題を集めました。
46．回転図形	「回転図形」に関する問題集。やさしい問題から始め、いくつかの代表的なパターンから、段階を踏んで学習できるよう編集されています。
47．座標の移動	「マス目の指示通りに移動する問題」と「指示された数だけ移動する問題」を収録。
48．鏡図形	鏡で左右反転させた時の見え方を考えます。平面図形から立体図形、文字、絵まで。
49．しりとり	すべての学習の基礎となる「言葉」を学ぶこと、特に「語彙」を増やすことに重点をおき、さまざまなタイプの「しりとり」問題を集めました。
50．観覧車	観覧車やメリーゴーラウンドなどを舞台にした「回転系列」の問題集。「推理思考」分野の問題ですが、要素として「図形」や「数量」も含みます。
51．運筆①	鉛筆の持ち方を学び、点線なぞり、お手本を見ながらの模写で、線を引く練習をします。
52．運筆②	運筆①からさらに発展し、「欠所補完」や「迷路」などを楽しみながら、より複雑な鉛筆運びを習得することを目指します。
53．四方からの観察 積み木編	積み木を使用した「四方からの観察」に関する問題を練習できるように構成。
54．図形の構成	見本の図形がどのような部分によって形づくられているかを考えます。
55．理科②	理科的知識に関する問題を集中して練習する「常識」分野の問題集。
56．マナーとルール	道路や駅、公共の場でのマナー、安全や衛生に関する常識を学べるように構成。
57．置き換え	さまざまな具体的・抽象的事象を記号で表す「置き換え」の問題を扱います。
58．比較②	長さ・高さ・体積・数などを数学的な知識を使わず、論理的に推測する「比較」の問題を練習できるように構成。
59．欠所補完	線と線のつながり、欠けた絵に当てはまるものなどを求める「欠所補完」に取り組める問題集です。
60．言葉の音（おん）	しりとり、決まった順番の音をつなげるなど、「言葉の音」に関する問題に取り組める練習問題集です。

『読み聞かせ』×『質問』＝『聞く力』

お話の記憶の練習に最適

1話5分の 読み聞かせお話集①②

「アラビアン・ナイト」「アンデルセン童話」「イソップ寓話」「グリム童話」、日本や各国の民話、昔話、偉人伝の中から、教育的な物語や、過去に小学校入試でも出題された有名なお話を中心に掲載。お話ごとに、内容に関連したお子さまへの質問も掲載しています。「読み聞かせ」を通して、お子さまの『聞く力』を伸ばすことを目指します。

①巻・②巻　各48話

1話7分の読み聞かせお話集 入試実践編①

最長1,700文字の長文のお話を掲載。有名でない＝「聞いたことのない」お話を聞くことで、『集中力』のアップを目指します。設問も、実際の試験を意識した設問としています。ペーパーテスト実施校の多くが「お話の記憶」の問題を出題します。毎日の「読み聞かせ」と「試験に出る質問」で、「解答のポイント」をつかんで臨みましょう！

50話収録

ニチガクの この5冊で受験準備も万全！

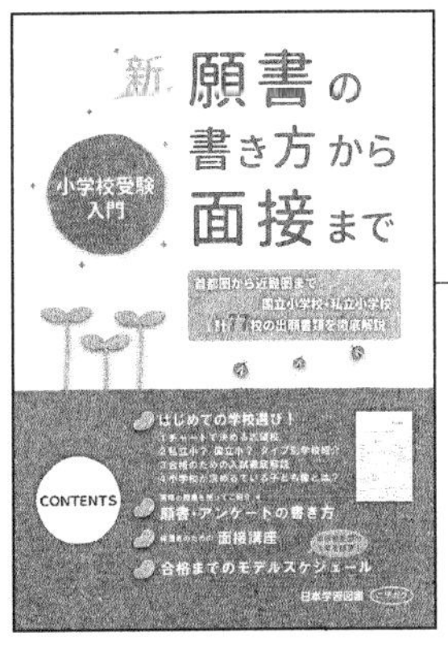

小学校受験入門 願書の書き方から面接まで　リニューアル版

主要私立・国立小学校の願書・面接内容を中心に、学校選びや入試の分野傾向、服装コーディネート、持ち物リストなども網羅し、受験準備全体をサポートします。

小学校受験で 知っておくべき 125のこと

小学校受験の基本から怪しい「ウワサ」まで、保護者の方々からの 125 の質問にていねいに解答。目からウロコのお受験本。

新　小学校受験の 入試面接Q＆A　リニューアル版

過去十数年に遡り、面接での質問内容を網羅。小学校別、父親・母親・志願者別、さらに学校のこと・志望動機・お子さまについてなど分野ごとに模範解答例やアドバイスを掲載。

新　願書・アンケート 文例集500　リニューアル版

有名私立小、難関国立小の願書やアンケートに記入するための適切な文例を、質問の項目別に収録。合格を掴むためのヒントが満載！願書を書く前に、ぜひ一度お読みください。

小学校受験に関する 保護者の悩みQ＆A

保護者の方約 1,000 人に、学習・生活・躾に関する悩みや問題を取材。その中から厳選した 200 例以上の悩みに、「ふだんの生活」と「入試直前」のアドバイス２本立てで悩みを解決。

日本学習図書株式会社